Inhalt

W0307928

Erläuterungen zum Unterricht

Anhang

Linie 1 – ein Lernpaket

Zielgruppe

Linie 1 richtet sich an Erwachsene (ab 16 Jahren), die Deutsch für den Alltag lernen.
Es ist ein Lehrwerk für Lernende ohne Vorkenntnisse.
Linie 1 eignet sich insbesondere für folgende Lernergruppen:

- erwachsene Lernende im Inland und Ausland, die in alltagsrelevanten Situationen Deutsch lernen möchten
- erwachsene Lernende im Inland und Ausland, die einen frühen Zugang zu Deutsch für den Beruf brauchen
- Lernende in Integrationskursen
- heterogene Klassen

Eigenschaften

Linie 1 orientiert sich am „Gemeinsamen Europäischen Referenzrahmen für Sprachen" (GER) sowie am Rahmencurriculum für Integrationskurse „Deutsch als Zweitsprache" und führt in sechs Halbbänden bzw. drei Gesamtbänden zu den Niveaustufen A1, A2 und B1 und in einem Gesamtband zu der Niveaustufe B2. Das Lehrwerk bereitet auf die Prüfungen von Goethe-Institut, ÖSD und telc vor.

Linie 1 B1 bietet Material für etwa 160–200 Unterrichtstunden, 8–12 Unterrichtstunden pro Kapitel plus ca. vier Unterrichtsstunden pro Haltestelle. Die Anzahl der Unterrichtseinheiten, die mit ***Linie 1 B1*** gestaltet werden können, ist auch abhängig von den Voraussetzungen der Lerngruppe und Kursart und kann durch das breite Angebot an Komponenten, die zusätzlich zum Kurs- und Übungsbuch eingesetzt werden können, flexibel an Zielgruppe und Rahmenbedingungen angepasst werden.

Linie 1 wurde speziell für den Unterricht mit heterogenen Lerngruppen entwickelt. Die Herausforderung, Lernende aus vielen Kulturen mit unterschiedlichen Herkunftssprachen, Lernerfahrungen, Erwartungen und Zielen in einem Kurs zu unterrichten, stand im Mittelpunkt bei der Konzeption dieses Lehrwerks. Somit ist ***Linie 1*** ein Lehrwerk, das

- lernungewohnten Lernenden durch Übersichtlichkeit, Transparenz und einen klaren Lernweg den Einstieg in die deutsche Sprache erleichtert,
- auch schneller Lernenden die Herausforderungen bietet, die sie sich wünschen,
- Differenzierung in vielerlei Hinsicht ernst nimmt: nach Schwierigkeit, Lerntyp, Fertigkeit, Interesse, Sozialform,
- Sprachhandeln in den Vordergrund stellt, es im sicheren Umfeld trainiert und so die Lernenden fit macht für Alltag und Beruf,
- durch klare Lernwege und aktuelle Texte den Einstieg in die deutsche Sprache und Kultur erleichtert,
- gezielt die vier Fertigkeiten (Hören, Sprechen, Lesen und Schreiben) trainiert sowie Hör-Seh-Verstehen mithilfe der DVD,
- eine sanfte Gesamtprogression bietet,
- von Anfang an eine systematische Aussprachschulung enthält,
- viele zusätzliche Materialien zum Vertiefen, Wiederholen und Differenzieren anbietet, die entsprechend der Leistungsfähigkeit und den Interessen des Lernenden ausgewählt werden können,
- mit seinen Audio-, Video- und Online-Materialien multimedial angelegt ist: Diese Materialien werden in ***Linie 1 digital*** (DVD-ROM mit Kurs- und Übungsbuch, Audio- und Videomaterial, interaktiven Tafelbildern, Lehrerhandbuch u.v.m.) zusammengefasst, wodurch moderne, flexible Unterrichtsvorbereitung und -gestaltung unterstützt wird.

Ein klarer Aufbau der einzelnen Lernsequenzen, der vom Einführen/Erkennen, von stark zu weniger gelenktem Üben bis zur freien und individualisierten Produktion führt, garantiert den Lernerfolg bei der Arbeit mit ***Linie 1***.

Der Aufbau von **Linie 1** *B1*

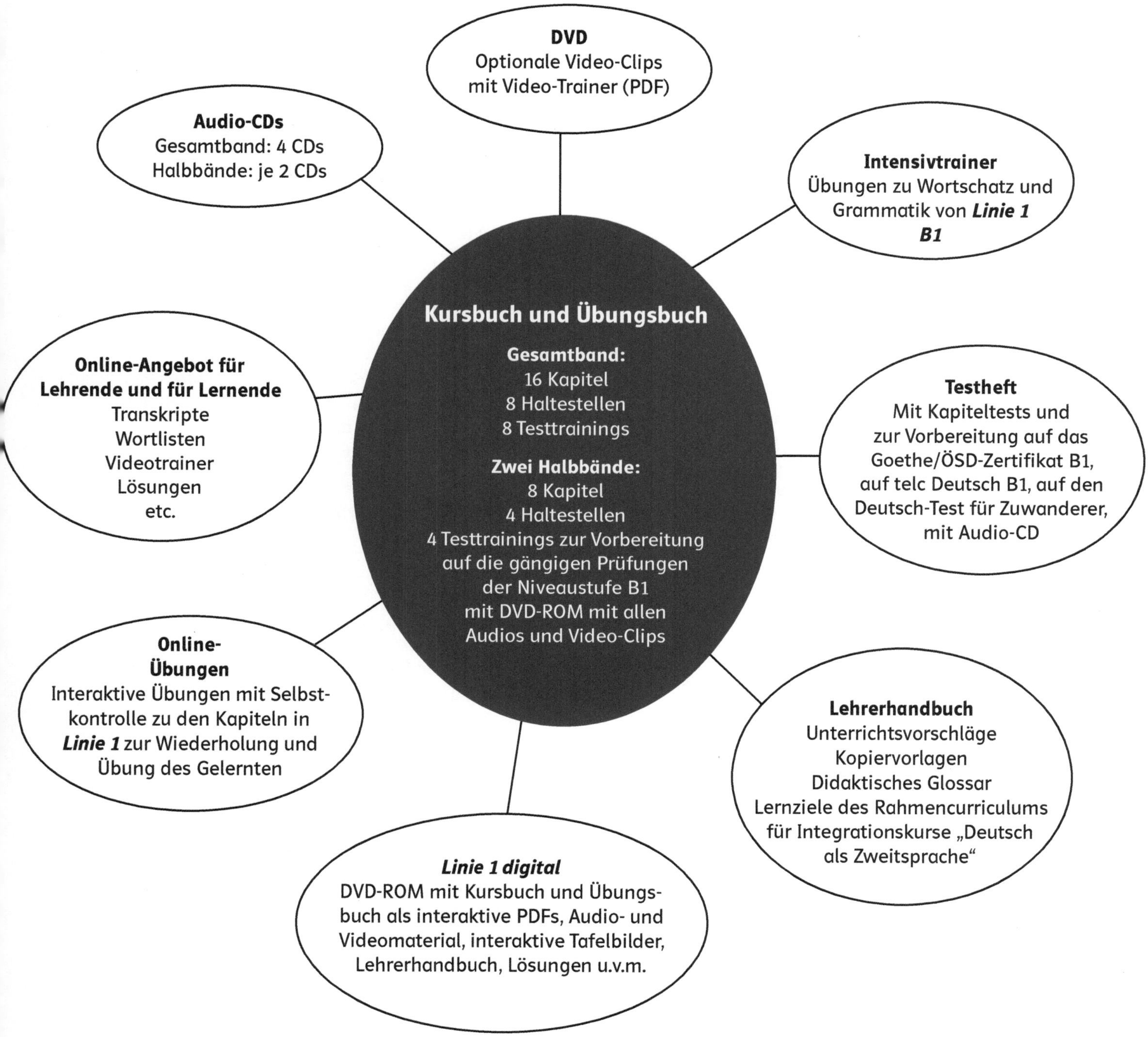

Die Struktur des Kursbuchs und des Übungsbuchs

Das Kursbuch besteht aus 16 Kapiteln und acht Haltestellen. Nach je zwei Kapiteln gibt es eine Haltestelle mit spielerischen Angeboten zum Wiederholen von Wortschatz und Redemitteln aus den vorangegangenen Kapiteln sowie Aufgaben und Informationen zur Landeskunde von Deutschland, Österreich und der Schweiz. Weiterhin sind Fertigkeitstrainings, Diktate und berufliche Aspekte wiederkehrende Themen auf diesen Seiten. An die Haltestellen schließt sich ein Testtraining an, das auf das Goethe/ÖSD-Zertifikat B1, auf telc Deutsch B1 und auf den Deutsch-Test für Zuwanderer vorbereitet.

Kapitel

Jedes Kapitel besteht aus einem Kursbuchteil, an den sich der Übungsbuchteil direkt anschließt. Der Kursbuchteil besteht aus je sieben Seiten: einer Einstiegsseite gefolgt von drei Doppelseiten. Der Übungsbuchteil besteht aus drei Doppelseiten, es folgt eine Rückschauseite.

Einstiegsseiten

Die Einstiegsseite führt die Lernenden anhand einer Alltagssituation mit Fotos und kleinen Texten, die emotional ansprechen und die Neugier wecken, an das Thema des Kapitels heran, wobei das Vorwissen der Lernenden aktiviert und einbezogen wird. Gleichzeitig werden wichtiger neuer Wortschatz und wichtige neue Redemittel präsentiert. Auf jeder Einstiegsseite befindet sich ein Informationskasten mit einer Übersicht über die Lernziele des Kapitels.

Kursbuchteil: drei Doppelseiten

Auf den folgenden drei Doppelseiten erarbeiten und üben die Lernenden in mehreren Lernsequenzen Wortschatz, Redemittel und grammatische Strukturen. Eingebettet in einen alltagsnahen Handlungsablauf, der sich wie ein roter Faden durch das Kapitel zieht, wird dabei zunächst bereits vorhandenes Wissen aktiviert, dann der neue Lernstoff präsentiert und erarbeitet und durch anschließende Aufgaben gefestigt.

- Die Lernsequenzen folgen häufig folgendem Aufbau: Einführen – Erkennen – Üben – gelenkte Produktion – weniger gelenkte Produktion – freie und individualisierte Produktion in der abschließenden Aufgabe UND SIE?, in der die Lernenden als sie selbst sprechen und agieren können.
- Die Grammatikvermittlung erfolgt in einer Mischung von entdeckendem Lernen und erfolgsorientierter Anwendung in einem kommunikativen Kontext.
- Die Fertigkeiten Hören, Sprechen, Lesen und Schreiben werden ausgewogen über das Kapitel verteilt trainiert.
- Auf der letzten oder vorletzten Doppelseite steht die handlungsorientierte Aufgabe „VORHANG AUF“, bei der die Lernenden die neu erworbenen Fertigkeiten und Kompetenzen meist in Rollenspielen anwenden.
- In jedes Kapitel ist ein Ausspracheträining integriert.

Übungsbuchteil: drei Doppelseiten

Im Anschluss an den Kursbuchteil folgt der sechsseitige Übungsbuchteil, der abwechslungsreiche Übungen zu Wortschatz, Grammatik, Aussprache, Lese- und Hörverstehen und Schreiben bietet.

- Die Übungsteile schließen jeweils direkt an das Kursbuchkapitel an und folgen der Nummerierung der Kursbuchteile: Zu jeder Aufgabe im Kursbuch gibt es eine Aufgabe im Übungsteil mit der gleichen Nummer.
- In der Rubrik „WORTBILDUNG“ trainieren die Lerner Wortbildungsmuster, die dazu beitragen, dass sie ihren Wortschatz aktiv erweitern lernen.
- Besonderes Augenmerk wird auf Schreibtraining gelegt. Rechtschreibung wird in den Aufgaben „RICHTIG SCHREIBEN“ gezielt geübt.
- Auch das Aussprachetraining wird hier wieder aufgenommen.

Bei der Arbeit im Übungsbuch wird der Lernprozess je nach individuellen Voraussetzungen verlangsamt, vertieft oder differenziert. Somit unterstützt das Übungsbuch das binnendifferenzierte Unterrichten in heterogenen Kursen und eignet sich sowohl für das intensive Sprachtraining im Unterricht, z. B. in Intensivkursen, als auch für das selbstständige Nacharbeiten und Vertiefen zu Hause.

Rückschauseiten *(Mein Deutsch nach Kapitel ...)*

Die Rückschauseite sichert den Lernerfolg: Das im Kapitel Gelernte wird in aktivierender Form zusammengefasst, d. h., die Lernenden überprüfen durch kleine Aufgaben direkt, ob sie die Lernziele des Kapitels erreicht haben, die hier noch einmal als Kann-Beschreibungen („Das kann ich“) dargestellt sind. Außerdem befindet sich auf der Rückschauseite eine Zusammenfassung der neu eingeführten grammatikalischen Strukturen.

Haltestellen

Nach zwei Kapiteln folgt jeweils eine Haltestelle. Hier können die Lernenden innehalten und in spielerischer Form den Lernstoff der vorangegangenen Kapitel wiederholen. Die Lernenden setzen sich auch spielerisch und kreativ mit landeskundlichen Themen der deutschsprachigen Länder (Deutschland, Österreich und Schweiz) auseinander, wobei Wortschatz aus den D-A-CH-Ländern einbezogen wird. Durch den linearen Aufbau mit modularen Elementen sind die Aufgaben der Haltestellen so angelegt, dass der Lernprozess je nach individuellen Voraussetzungen verlangsamt, vertieft oder differenziert wird und sie so ein binnendifferenziertes Unterrichten fördern und eine Individualisierung nach Themen, Interessen, Lerntyp und Fertigkeit ermöglichen. Weiterhin sind Fertigkeitstrainings, Diktate und berufliche Aspekte wiederkehrende Themen auf diesen Seiten.

Testtrainings

Im Anschluss an die Haltestellen gibt es Testtrainings, die die Lernenden auf die Prüfungen nach dem „Gemeinsamen Europäischen Referenzrahmen für Sprachen" vorbereiten. Für das Niveau B1 sind dies das Goethe/ÖSD-Zertifikat B1, telc Deutsch B1 und der Deutsch-Test für Zuwanderer. Hier werden die Lernenden mit den Prüfungsformaten vertraut gemacht und sie erhalten wertvolle Hinweise für Vorbereitung und Durchführung der Prüfung.

Anhang

Der Anhang von ***Linie 1*** enthält folgende Komponenten:
- Grammatikübersicht
- Liste der unregelmäßigen Verben
- Liste der Verben mit Präpositionen
- alphabetische Wortliste
- Informationen zu den Video-Clips und Links
- eine Übersicht der Prüfungsaufgaben

Zusätzliche Komponenten

Hörmaterialien

Die im Buch eingelegte DVD-ROM enthält alle Hörtexte und Ausspracheübungen des Kurs- und des Übungsbuchteils im mp3-Format. Die Hörtexte stehen auch auf CD (Gesamtband: vier CDs, Halbbände: je zwei CDs), als kostenloser Download (Zugangscode im Buch) oder über die Klett-Augmented-App im mp3-Format zur Verfügung.

Video-Clips

Zu jeweils zwei Kapiteln gibt es einen Video-Clip mit kurzen, abgeschlossenen Szenen zu einem beruflichen Thema. Die Video-Clips sind als mp4-Dateien auf der im Buch eingelegten DVD-ROM enthalten. Sie können aber auch als kostenloser Download über einen Code oder über QR-Code heruntergeladen werden und sind auf DVD oder über die Klett-Augmented-App verfügbar. Die DVD enthält auch den Videotrainer mit Hör-Seh-Aufgaben zu den Video-Clips und die Transkripte. In allen Versionen können die Untertitel ein- und ausgeschaltet werden.

Lehrerhandbuch

Das Lehrerhandbuch gibt Informationen zum Aufbau und den didaktischen Schwerpunkten von ***Linie 1***, bietet zu jeder Aufgabe im Kursbuchteil Unterrichtsvorschläge, Projekte und Erweiterungen (z. B. zur Binnendifferenzierung, zur Einbeziehung interkultureller Aspekte oder zum Einsatz neuer Medien) und einen Lösungsschlüssel für die Aufgaben.

Im Anhang befinden sich zwei Kopiervorlagen pro Kapitel, ein didaktisches Glossar sowie eine Liste der behandelten Lernziele des Rahmencurriculums für Integrationskurse „Deutsch als Zweitsprache".

Linie 1 digital

Linie 1 digital richtet sich an die Lehrenden und ermöglicht flexibles multimediales Vorbereiten und Unterrichten. ***Linie 1 digital*** enthält den kompletten Kurs- und Übungsbuchteil mit interaktiven Whiteboard-Werkzeugen, direkten Verlinkungen zu Audios, Videos und deren Transkripten sowie Verlinkungen zu den Unterrichtsvorschlägen des Lehrerhandbuchs und zu den Lösungen, alphabetische Wortlisten und Bildmaterial. Darüber hinaus gibt es zu jedem Kapitel zwei interaktive Tafelbilder. ***Linie 1 digital*** kann sowohl mit interaktiven Whiteboards, als auch über Beamer oder am PC/Laptop verwendet werden.

Intensivtrainer

Im Intensivtrainer finden die Lernenden zusätzliche Übungen zu jedem Kapitel. Der Schwerpunkt liegt auf Wortschatz- und Grammatiktraining. Der Intensivtrainer eignet sich für das selbstständige Wiederholen und Vertiefen des Gelernten und enthält einen Lösungsschlüssel im Anhang.

Testheft

Das Testheft bereitet auf die Prüfungen nach dem „Gemeinsamen Europäischen Referenzrahmen für Sprachen" vor, im Fall von ***Linie 1 B1*** auf das Goethe/ÖSD-Zertifikat B1, auf telc Deutsch B1 und auf den Deutsch-Test für Zuwanderer.
Im Testheft finden Lernende und Lehrende zusätzliche Übungen zu jedem Kapitel, die auch als Kapiteltests verwendet werden können.

Vokabeltrainer mit eingelegter CD-ROM

Mit dem Vokabeltrainer hören, sprechen, übersetzen und wiederholen die Lernenden den Wortschatz des Kursbuches anhand eines Vokabelheftes und einer interaktiven CD-ROM, die nach dem bewährten Karteikartenprinzip funktioniert.

Online-Material und Downloads

Ein breites Online-Angebot steht Lehrenden und Lernenden zur Verfügung und ermöglicht differenziertes und individualisiertes Lehren und Lernen: Online-Übungen für PC und Tablet, Arbeitsblätter und Kopiervorlagen, Lösungen, Transkripte, Glossare und Wortlisten, Zusatzaufgaben, Modelltests und Modellprüfungen, Arbeitsanweisungen in vielen Sprachen u.v.m.

Didaktische Schwerpunkte

Aufbau der Handlungskompetenz im Alltag

Die Themenauswahl und die Redemittel in ***Linie 1 B1*** orientieren sich an frequenten Schlüsselszenarien in Alltag und Beruf. Echte Themen zu authentischen Alltagssituationen bereiten die Lernenden auf reale Sprachsituationen im Alltag vor. Aktuelle, authentische Textsorten (E-Mails, Foren, Chats, Blogs) und alltagsrelevante, lernerzentrierte Themen (Wohnen und Nachbarschaft, Einkaufen und Ernährung, Banken und Versicherungen, Sprachenlernen und interkulturelle Unterschiede, Krankheit, Krankenhaus, Notfälle etc.) bilden die Grundlage für einen handlungsorientierten Unterricht.
Die ergänzenden Video-Clips mit unterschiedlichen Alltags- und Berufssituationen zu den jeweiligen Kapitelthemen unterstützen die Handlungsorientierung.

Didaktik der Hilfestellung – Ressourcenorientiertes Lehren

Linie 1 unterstützt die Lernenden darin, im deutschsprachigen Alltag aktiv zu handeln:

- Es vermittelt Wissen und Werkzeuge für sprachliches Handeln strukturiert und aktivierend.
- Es begleitet, stärkt, fordert, fördert und ermutigt die Lernenden.
- Es bietet Hilfestellungen an, um das Selbstbewusstsein der Lernenden zu stärken.

Übung geht in ***Linie 1*** vor Testen und die Lernenden erhalten (Hilfs-)Mittel, um Sicherheit im Sprachhandeln aufzubauen. Beispiele dafür sind die eindeutigen Arbeitsanweisungen, Musterdialoge als Audio, Redemittel zur Bewältigung der Aufgaben, gelenkte Produktion durch Anlösungen, eigene Regelfindung und visuelle Eindeutigkeit.

Ergonomisches Lernen – Schritt für Schritt lernen und Lernerfolge aktiv sichern

Auf der Auftaktseite bekommen die Lernenden neuen Input durch ansprechendes Bildmaterial und ersten Wortschatz aus dem Kapitel. Auf den nächsten Doppelseiten folgen Übung, Flüssigkeitstraining, Anwendung und Sprachhandeln. Die Aussprache wird in den Kontext integriert und die Grammatik induktiv vermittelt.
Am Ende von Lernsequenzen in den UND SIE?-Aufgaben aktiviert der Lernende das gerade Gelernte, indem er sprachlich als er selbst agiert.
Jedes Kapitel schließt mit der Aufgabe VORHANG AUF, einer handlungsorientierten Aufgabe, bei der die Lernenden das Handeln in typischen Alltagssituationen szenisch nachspielen. Hier werden die produktiven Lernziele des Kapitels zusammenfassend geübt. Die Lernenden können im geschützten Raum „wie“ im realen Leben handeln. Das ist aktive Vorbereitung auf den Alltag in deutschsprachigen Ländern.
Auf die Kursbuchseiten jedes Kapitels folgt der Übungsteil. Dieser endet mit einer Übersichts- und Evaluationsseite zu allen Redemitteln und Strukturen.

Lernen in Szenarien

Viele Lernsequenzen sind als kleine Szenarien strukturiert, in denen alltägliche Kommunikationssituationen geübt werden. Handlungsorientierung prägt als Unterrichtsprinzip seit geraumer Zeit den Fremd- und Zweitsprachenunterricht. Der Begriff Szenario bezieht sich einerseits auf eine Art des Unterrichts, der die Lernenden nicht als passive Rezipienten von Informationen, sondern als aktiv handelnde, selbst entscheidende und miteinander interagierende Menschen versteht. Eine Reihe von handlungsorientierten Unterrichtsmethoden (Projektarbeit, Stationenlernen, Pro- und Kontra-Diskussionen u.a.m.) sollen die geistige Verarbeitung und Aneignung der Lerninhalte fördern. Der Begriff Handlungsorientierung weist andererseits über den Unterricht hinaus in den Alltag der Lernenden bzw. in die kommunikativen Zusammenhänge, in denen Lernende sprachlich handeln und ihre neu erworbenen Sprachkenntnisse anwenden wollen und müssen. Hier kommt der „Szenario-Ansatz“ als didaktisch-methodisches Konzept zum Tragen. Er basiert auf der Wahrnehmung, dass sich Kommunikation in alltäglichen Handlungszusammenhängen selten auf eine einzige Situation beschränkt, sondern in der Regel in Handlungsabläufen bzw. Handlungsschritten stattfindet: Wenn man umzieht, lernt man die neuen Nachbarn kennen, redet miteinander und bietet sich gegenseitig Hilfe an, macht sich mit der Hausordnung bekannt, lernt die nähere Umgebung kennen; wenn ein Unfall passiert, muss man einen Notruf absetzen, in der Notaufnahme Formulare ausfüllen und mit einem Arzt und u.U. mit Mitpatienten sprechen, auf der einen Seite Ängste, auf der anderen Seite Mitgefühl ausdrücken etc. Der Szenario-Ansatz will solche Handlungsketten für den Unterricht nutzbar machen und durch größtmögliche Lebens- und Praxisnähe die sprachliche Handlungsfähigkeit im Alltag fördern.
In ***Linie 1*** ist dieser Ansatz, soweit dies sinnvoll erschien, aufgegriffen. Die Kapitel zeigen Handlungsketten (oder „Stories“) mit einem jeweils eigenen Personal, das in den jeweiligen Situationen handelt und dabei eine Reihe von kommunikativen Aufgaben bewältigt. Diese wiederum dienen den Lernenden als Modell und Anlass, die Sprachhandlungen selbst zu üben und anzuwenden.

Binnendifferenzierung

Linie 1 bietet in den Kapiteln eine große Vielfalt an Aufgaben an, die unterschiedliche Lerntypen ansprechen und binnendifferenziertes Unterrichten ermöglichen. Mehr Lerner erreichen das Ziel, weil es für sie passende Lernwege gibt.
Das Kurs- und Übungsbuch bietet Wahlmöglichkeiten für unterschiedliche Lernwege in den Aufgaben, z. B. nach Lerntyp, nach Schwierigkeit, nach Interessen, nach Fertigkeiten und nach Sozialform.
Aufgaben mit der Anweisung „Wählen Sie“ fordern die Lernenden direkt auf, die Aufgabe entsprechend ihrer sprachlichen Kompetenz und ihrem Interesse zu wählen. Haltestellen und Übungsbuchteil sind ebenfalls so aufgebaut, dass der Lernprozess je nach Voraussetzung der Lernenden verlangsamt, vertieft oder differenziert werden kann. Darüber hinaus gibt es im Lehrerhandbuch eine große Auswahl an Erweiterungen, Varianten, Spielen und Projekten, die eine Differenzierung nach Qualität und Quantität sowie eine Individualisierung nach Themen, Interessen, Lerntyp und Fertigkeit ermöglichen.

Beruf von Anfang an

Berufliche Themen und Redemittel werden in ***Linie 1*** von Anfang an als Teil des Alltags gesehen und in jedes Kapitel integriert. So wird der wachsenden Gruppe von Lernenden, die einen höheren Abschluss anstreben, Rechnung getragen. Sprachhandeln wird demzufolge im alltäglichen und beruflichen Kontext vermittelt.
Das Zusatzheft **Linie 1 Beruf** ermöglicht darüber hinaus von Beginn an die Vertiefung der Schwerpunktbildung Beruf.

Prüfungsvorbereitung

Die Vorbereitung auf Testformate und Prüfungen findet von Anfang an statt: in den Testtrainings, thematisch an den Kurskapiteln angebunden, in den Aufgaben im Testformat im Kurs- und Übungsbuch sowie in den Testheften. Das gibt Lehrenden und Lernenden Sicherheit in der Selbsteinschätzung (Wo stehe ich? Was kann ich? Erreiche ich das Kursziel?).

Video-Clips als Sprech- und Denkanlass

In der Randspalte wird auf die Video-Clips verwiesen. Diese Clips trainieren das Hör-Seh-Verstehen, dienen als Sprech- und Denkanlass und bieten Vorbilder für die Alltagsbewältigung. Sie enthalten kurze abgeschlossene Situationen aus Alltag und Beruf mit witzigen Wendungen. Die einzelnen Clips sind in sich geschlossen und nehmen mit bewegten Bildern viele der Themen/Lernziele der jeweiligen Kapitel auf. Sie sind Motivationsschub, der in Spracharbeit überführt wird. Mit wiederkehrenden Darstellern lassen sie eine lockere Story in den Köpfen der Zuschauer entstehen.

Interkulturelles Lernen

Linie 1 ist vom Personal her interkulturell ausgerichtet. Die Personen dienen somit als Identifikationsfiguren. Interkulturelles Lernen wird auch dadurch angeregt, dass die Lernenden immer wieder über ihre Herkunftsländer sprechen und Vergleiche mit den deutschsprachigen Ländern oder den Herkunftsländern der anderen Teilnehmenden anstellen. Darüber hinaus gibt es im Lehrerhandbuch unter dem Stichwort „Interkulturelle Perspektive“ an passenden Stellen zu den Kapiteln Anregungen zum interkulturellen Lernen.

Grammatik

Die Grammatik wird in ***Linie 1*** kontextgebunden und kommunikationsrelevant eingeführt. In den sogenannten Fokuskästen ergänzen die Lernenden Strukturen und Paradigmen selbst und aktiv und werden dadurch zu eigenen Regelfindung ermutigt. Die Grammatik findet sich sowohl portionsweise im Kapitel an Ort und Stelle, also dort, wo sie eingeführt wird, als auch in der Grammatikübersicht am Ende des Kapitels und in einer Gesamtübersicht im Anhang des Buches.

Hinweise zur Arbeit mit dem Lehrerhandbuch

Das Lehrerhandbuch enthält Erläuterungen zu den Aufgaben im Kursbuchteil, die die Planung, Vorbereitung und Durchführung des Unterrichts unterstützen.
Zu jedem Kapitel gibt es zunächst eine Übersicht über die Lernziele und die Lerninhalte des Kapitels. Die Lernziele richten sich nach dem „Gemeinsamen europäischen Referenzrahmen für Sprachen" und dem Rahmencurriculum für Integrationskurse „Deutsch als Zweitsprache". Im Anschluss daran folgen jeweils Erläuterungen zu den Aufgaben im Kursbuchteil. Hier wird der Ablauf der einzelnen Aufgaben verdeutlicht und es werden Vorschläge für Erweiterungen und Varianten gemacht. Dort, wo Aufgaben aus dem Übungsbuchteil sich für den Unterricht anbieten, z. B. zur Binnendifferenzierung, sind diese ebenfalls mit aufgeführt. Darüber hinaus gibt es in der rechten Spalte jeweils Hinweise zum Einsatz von Audio- und Video-Material, Interaktiven Tafelbildern und ggf. weiteren benötigten Materialien.
Im Anhang befinden sich zu jedem Kapitel zwei Kopiervorlagen, ein didaktisches Glossar und eine Übersicht über die Verteilung der Lernziele des Rahmencurriculums für Integrationskurse „Deutsch als Zweitsprache" auf die Kapitel.

Abkürzungen im Lehrerhandbuch

TN = (Kurs-)Teilnehmer/-in bzw. (Kurs-)Teilnehmer/-innen
KL = Kursleiter/-in

EA = Einzelarbeit
PA = Partnerarbeit
GA = Gruppenarbeit
PL = Plenum

KB = Kursbuchteil
ÜB = Übungsteil des Kursbuches
KV = Kopiervorlage
LHB = Lehrerhandbuch
TB = Tafelbild
IAW = Interactive Whiteboard
WS = Wortschatz
▶ = Verweis auf das Glossar
* = Lernziel des Rahmencurriculums für Integrationskurse „Deutsch als Zweitsprache"

1 Neue Nachbarn

Lernziele/Sprachhandlungen

Sprechen	ein Haus und seine Nachbarn beschreiben; um Hilfe bzw. einen Gefallen bitten*; über Beziehungen zu Nachbarn sprechen; Probleme schildern*; über Hausregeln sprechen
Hören	Mitbewohner um einen Gefallen bitten; über die Regeln im Haus sprechen; Beschwerden verstehen
Schreiben	die Nachbarschaft beschreiben; um einen Gefallen bitten
Lesen	eine Mail über Hausbewohner, eine einfache Hausordnung, eine Mitteilung des Hausmeisters*, Blogeinträge zum Stadtteil verstehen
Beruf	Hausmeister

Lerninhalte

Redemittel	Ich hätte eine Bitte. | Können Sie bitte die Blumen gießen? | Es ist verboten, im Treppenhaus Fahrräder abzustellen. | Ich finde es wichtig, bei Problemen freundlich zu bleiben. | Ich möchte mich entschuldigen. | Das ist ja nicht so schlimm.
Wortschatz	Wohnen und Nachbarschaft
Grammatik	Wechselpräpositionen (Wiederholung) | Infinitiv mit *zu* | *sowohl ... als auch*
Aussprache	Bitten emotional sprechen

	Erläuterungen zum Unterricht	Materialien
1a	KL schreibt *Nachbarschaft* an, TN nennen Assoziationen. KL ergänzt die Vorschläge. TN betrachten die Bilder und lesen die Ausdrücke. TN hören, was im Haus passiert, und notieren den korrekten Buchstaben. VARIANTE/BINNENDIFFERENZIERUNG: KL zeigt zuerst nur die Bilder und fragt, ob TN die Aktivitäten benennen können, oder GA: KL kopiert für jede Gruppe einen Satz Bilder und Aktivitäten zum Zuordnen. **Lösung:** 1B; 2A; 3D; 4G; 5F; 6H; 7E; 8C	CD: Track 1.02–09 IAW K1-1 Kopien der Bilder und Aktivitäten
1b	GA: Gruppe A sammelt auf einem DIN-A3-Blatt weitere Aktivitäten von Bewohnern eines Hauses, Gruppe B schreibt auf, welche Gegenstände es in einem Wohnhaus und seiner Umgebung gibt (Ideen auf Auftaktseite). TN können auch das Wörterbuch verwenden. TN präsentieren ihre Ergebnisse. Evtl. auch Wettspiel mit vorgegebener Zeit: Die Gruppe mit den meisten Aktivitäten hat gewonnen. Tipp für Variante in 1c: TN schreiben die Vokabeln auf Kärtchen.	DIN-A3-Blätter oder Kärtchen, Wörterbuch
1c	Differenzierungsaufgabe: TN wählen abwechselnd eine Tätigkeit oder einen Gegenstand aus 1b aus, zeichnen diese/n oder spielen mit ▶ **Pantomime** vor. Die anderen TN raten. VARIANTE: TN ziehen Kärtchen aus 1b: TN zeichnen/spielen die Begriffe. Auch als Wettspiel: Wer den Begriff zuerst errät, erhält die Karte. Wer am Ende die meisten Karten hat, hat gewonnen.	

	Erläuterungen zum Unterricht	Materialien
2a	TN lesen im PL Themen und E-Mail und kreuzen die entsprechenden Themen an. **Lösung:** Nachbarn, Haus	
2b	TN lesen die E-Mail noch einmal und schreiben die Informationen über die Nachbarn in die Zeichnung des Hauses. Vergleich im PL. **Lösung:** EG links: Frau Weber, in Rente, sehr aktiv; EG rechts: Frau Kandels, Klavierlehrerin; 1. Stock links: Herr Eckhart, hat einen Bart und einen Hund; 1. Stock rechts: Frau Haffner, hat einen Sohn, der immer Fußball spielt; 2. Stock links: Familie Blum: hat ein Baby	
2c	Ggf. Wiederholung der Wechselpräpositionen. TN lesen die Verben, die auf die Frage mit *Wo?* oder *Wohin?* folgen, und die Beispiele. KL projiziert das Haus auf Seite 1 oder TN betrachten die Seite im KB. TN bilden Sätze wie in den Beispielen in einer ▶ **Kettenübung**. VARIANTE/BINNENDIFFERENZIERUNG (GA, 3–4 TN): TN schreiben auf ein DIN-A3-Blatt fünf Sätze mit *Wo* und fünf Sätze mit *Wohin*. Schnellere Gruppen schreiben mehr als fünf, langsamere weniger als fünf Sätze. Vergleich im PL. ERWEITERUNG/BINNENDIFFERENZIERUNG: TN machen ÜB 2a, schnellere auch 2b.	 DIN-A3-Blätter

UND SIE?	Differenzierungsaufgabe: TN entscheiden sich zwischen einem schriftlichen und einem mündlichen Aufgabentyp. Schreibaufgabe: TN entwerfen eine E-Mail wie in 2a, in der sie über ihre Nachbarn berichten. KL kann die Texte korrigieren und aufhängen. Mündliche Aufgabe: TN entwerfen als Vorbereitung zuerst eine Skizze ihres Hauses / ihrer Wohnung und notieren Informationen zu Nachbarn oder Mitbewohnern. PA oder GA (3 TN): Vorstellung der Personen.	

	Erläuterungen zum Unterricht	Materialien
3a	TN beschreiben die Bilder, hören die Dialoge und ordnen sie den Bildern zu. **Lösung:** A2; B3; C4; D1	CD: Track 1.10–13
3b	KL liest mit den TN die Redemittel. PA: TN wählen eine Situation (oder denken sich eine aus) und schreiben einen Dialog, wobei sie die Redemittel aus dem Kasten verwenden. Sie lernen den Dialog auswendig und spielen ihn im PL vor. BINNENDIFFERENZIERUNG: Schnellere TN bereiten einen weiteren Dialog vor.	
3c	KL liest mit den TN die vier möglichen Emotionen. TN hören die Bitten und kreuzen an, um welche Emotion es sich handelt. **Lösung:** 1. ärgerlich; 2. enttäuscht; 3. ängstlich; 4. froh	CD: Track 1.14
3d	TN hören noch einmal und sprechen nach. Sie versuchen, die Emotionen zu imitieren.	CD: Track 1.14
3e	GA (4–5 TN): TN sammeln Bitten und schreiben sie je auf ein farbiges Kärtchen, die Gesichter mit den Emotionen auf Kärtchen in einer anderen Farbe. TN ziehen jeweils ein Kärtchen mit einer Bitte und einer Emotion und sprechen die Bitte mit der entsprechenden Emotion. Die anderen TN raten die Emotion.	Kärtchen in zwei Farben
3f	Differenzierungsaufgabe: TN entscheiden sich für eine der beiden Situationen (oder überlegen eine andere Situation) und schreiben eine Mitteilung an die Nachbarn. Der Text kann im Unterricht (ggf. in PA) oder als Hausaufgabe geschrieben werden. ERWEITERUNG: TN schreiben eine Antwort, in der sie erklären, ob sie die Bitte ausführen können oder nicht.	

	Erläuterungen zum Unterricht	Materialien
4a	PL: TN beschreiben die Bilder und überlegen, welche Probleme des Zusammenlebens hier dargestellt werden. VARIANTE (GA, 6 TN): KL kopiert die Bilder und verteilt sie. TN beschreiben den anderen TN ihr Bild. Die Gruppe spricht über das Problem.	Kopien der Bilder
4b	KL erklärt, was eine Hausordung ist, sowie die Oberpunkte der Hausordnung. TN lesen die Hausordnung und ordnen die passende Situation aus 4a zu. Wenn der Kurs mit den kopierten Bildern gearbeitet hat (Variante), können die passenden Bilder zum Text gelegt werden. **Lösung:** Lärm: B; E; –; Kinder: D; –; Sicherheit: C; A; F; Sauberkeit: – ERWEITERUNG: TN überlegen im PL, was in einer Hausordnung festgehalten werden kann, und sammeln Ideen an der Tafel. VARIANTE (GA): KL kopiert die Hausordnung groß für jede Gruppe und zerschneidet die einzelnen Punkte. Jede Gruppe ordnet die Punkte den Oberpunkten zu, klebt sie auf und klebt das passende Bild aus 4a dazu.	Kopien der Hausordnung, Klebstoff, DIN-A3-Blätter
4c	KL projiziert die Grammatiktabelle oder TN betrachten die Tabelle im KB. TN ergänzen die Sätze mithilfe des Textes aus 4b. KL erklärt, dass der Infinitiv mit *zu* nach bestimmten Verben, Nomen und Adjektiven steht. Kein *zu* folgt nach Modalverben und einigen anderen speziellen Verben. Ausführlicher behandelt wird das Grammatikthema in 5. **Lösung:** ... zu trennen ...; ... zuzusperren ...	
UND SIE?	GA (3–4 TN): TN sprechen über typische Regeln aus Hausordnungen. ALTERNATIVE: TN schreiben eine „absurde“ Hausordnung für ein „verrücktes“ Mietshaus. INTERKULTURELLE PERSPEKTIVE: TN sprechen erst in GA, dann im PL darüber, ob es in ihren Heimatländern Hausordnungen gibt und welche Punkte darin behandelt werden. Welche Unterschiede gibt es zu den deutschsprachigen Ländern?	DIN-A3-Blätter

	Erläuterungen zum Unterricht	Materialien
5a	TN hören die Gespräche und ordnen die Sätze zu. Vergleich im PL. **Lösung:** 1. f); 2. d); 3. a); 4. b); 5. c); 6. e)	CD: Track 1.15–17 IAW K1–2
	ERWEITERUNG: TN markieren in einer Farbe die Infinitive mit *zu*, mit einer anderen Farbe den Teil, der den Infinitiv mit *zu* erforderlich macht (*bittet, verspricht, ist Vorschrift ...*)	
5b	KL liest mit den TN die Beispiele für den Infinitiv mit *zu* und klärt ggf. Vokabular. TN schreiben in GA (3–4 TN) Sätze mit den vorgegebenen Strukturen auf ein DIN-A3-Blatt und verwenden dabei Infinitive mit *zu*. Sie können wählen, ob sie Sätze/Tipps zum Zusammenleben mit Nachbarn, innerhalb einer Familie oder einer WG schreiben möchten.	DIN-A3-Blätter
	ERWEITERUNG (GA, 3–4 TN): TN spielen Lüge oder Wahrheit mit der KV. TN raten in der Gruppe, welche Aussagen richtig und welche falsch sind. Für jede richtige erratene Aussage gibt es einen Punkt, der/die TN mit den meisten Punkten hat den Menschenkenner-Preis gewonnen. ERWEITERUNG: TN vergleichen ihre Ergebnisse und sprechen darüber, womit sie einverstanden sind und womit nicht. ERWEITERUNG/BINNENDIFFERENZIERUNG: Zur Vertiefung der Grammatik machen TN ÜB 5a, schnellere TN machen auch 5b.	KV
5c	TN lesen die blauen Ausdrücke, KL klärt ggf. Vokabular. PL: TN ordnen die Ausdrücke den Fotos zu. GA: TN diskutieren, was sie in den Situationen wichtig finden.	
UND SIE?	GA: Jede Gruppe schreibt auf ein DIN-A3-Blatt fünf Regeln für eine gute Zusammenarbeit im Kurs.	DIN-A3-Blätter
	BINNENDIFFERENZIERUNG: Schnellere Gruppen entwerfen mehr Regeln. ERWEITERUNG: TN präsentieren ihre Regeln, diskutieren, welche sie am besten finden, einigen sich auf die wichtigsten fünf und hängen diese auf.	

	Erläuterungen zum Unterricht	Materialien
6a	KL schreibt *Hausmeister* an und fragt, ob TN wissen, welche Tätigkeiten typisch für diesen Beruf sind. TN lesen den Text und kreuzen an, welche Sätze richtig oder falsch sind. Vergleich im PL. **Lösung:** 1. F; 2. R; 3. F	
6b	TN ergänzen den Fokuskasten. KL erklärt, dass man *sowohl ... als auch* verwendet, wenn von zwei Möglichkeiten beide zutreffen. **Lösung:** Herr Gröbner ist sowohl am Montag als auch am Freitag da. Der Hausmeister pflegt sowohl den Rasen als auch Bäume und Sträucher.	
6c	TN schreiben Sätze mit *sowohl ... als auch.* **Lösung:** 1. Familie Moreno hat sowohl einen Sohn als auch zwei Töchter. 2. Frau Weber hat sowohl Hunde als auch Katzen gern. 3. Im ersten Stock wohnen sowohl Frau Haffner als auch Herr Eckhardt.	
	ERWEITERUNG (GA): Die TN schreiben weitere Sätze. Auch als Wettspiel: Die Gruppe, die in einer vorgegebenen Zeit die meisten korrekten und logischen Sätze gebildet hat, hat gewonnen. ERWEITERUNG: TN gestalten ein Kartenspiel. Auf Kärtchen einer Farbe schreiben sie Verben (*lieben, mögen, kaufen, haben, brauchen, trinken, ...*), auf Kärtchen der anderen Farbe semantische Paare (*Äpfel – Birnen; Autos – Motorräder; Kino – Theater, ...*). TN ziehen jeweils eine Karte und bilden Sätze mit *sowohl ... als auch.* Wenn der Satz logisch ist, gibt es einen Punkt.	Kärtchen in zwei Farben
6d	TN hören zwei Gespräche und machen Notizen zu den Inhalten. **Lösung:** 1. Herr Moreno hat ein Mofa für seine Tochter gekauft und möchte wissen, wo er es hinstellen kann. 2. Der Hausmeister ärgert sich darüber, dass Frau Haffner die alten Möbel direkt vor den Hauseingang gestellt hat. Sie sollten jedoch vom Möbelhaus abgeholt werden.	CD: Track 1.18–19

6e	TN lesen die Redemittel, KL klärt ggf. Vokabular. TN hören die Gespräche noch einmal und markieren, welche der Ausdrücke sie hören. **Lösung:** Das tut mir leid; Das ist ja nicht so schlimm; Es geht nicht, dass …	CD: Track 1.18–19
	VARIANTE: KL schreibt die Ausdrücke auf Blätter und verteilt sie unter den TN. Wenn die TN ihren Ausdruck hören, stehen sie auf und halten das Blatt hoch. ERWEITERUNG (PA): TN überlegen sich eine weitere Konfliktsituation und schreiben einen Dialog, in dem sie die Ausdrücke aus dem Kasten verwenden. Die Dialoge werden im Kursraum aufgehängt oder vorgelesen / frei vorgespielt.	Blätter
UND SIE?	PA: TN unterhalten sich darüber, ob sie die Probleme aus 6e kennen und welche Probleme sie selbst in Mietshäusern erlebt haben. Wie sind sie damit umgegangen? Haben sie eine Lösung für das Problem gefunden? Statt in PA kann die Aktivität auch in GA (3–4 TN) stattfinden. Ein Gruppensprecher kann die interessantesten Punkte im PL zusammenfassen.	

	Erläuterungen zum Unterricht	**Materialien**
7a	KL schreibt *Stadtteil* an die Tafel, klärt ggf. die Vokabel und fragt die TN, in welchen Stadtteilen des Kursortes sie wohnen. KL fragt die TN, was sie an einem Stadtteil gut finden, und hält die Ergebnisse an der Tafel fest.	
	ERWEITERUNG: TN machen das Kursinterview der KV. Dazu befragen sie zwei TN und machen Notizen zu deren Antwort. Ggf. kann der Stadtteil eines TN einem anderen TN oder im PL vorgestellt werden.	KV
7b	KL erklärt, dass Sachsenhausen ein Stadtteil in Frankfurt/Main ist, und zeigt ggf. einen Stadtplan und Fotos im Internet. TN lesen den Text und markieren in zwei Farben, was der Autor gut bzw. schlecht findet. Vergleich in PA. **Lösung:** Gut: U-Bahn ist in der Nähe; es gibt viele Lebensmittelgeschäfte und Gaststätten; das Fußballstadion (Eintracht Frankfurt) ist in der Nähe; Schlecht: Mieten sind hoch; in den Apfelwein-Wirtschaften steigen durch die vielen Touristen die Preise, die Qualität sinkt, sie sind teuer; es gibt viel Verkehr.	Internet
	LANDESKUNDLICHE INFORMATION: Informationen zu Sachsenhausen z. B. hier: http://www.frankfurt-sachsenhausen.de/cms/, einen Clip zu Sachsenhausen auf https://www.youtube.com/watch?v=O9PikQC5_cs	
7c	TN lesen den Text noch einmal und kreuzen an, ob a oder b richtig ist. **Lösung:** 1. a; 2. b; 3. b	
	ERWEITERUNG: TN entwerfen in PA noch drei Richtig/Falsch-Fragen zum Text, die nächste Gruppe beantwortet die Fragen.	
7d	TN lesen die Oberpunkte und ergänzen weitere wichtige Punkte. TN schreiben (evtl. als Hausaufgabe) einen Text über den Stadtteil, in dem sie leben, und berichten über Vor- und Nachteile. Vorentlastung: ÜB 7a und b.	
	ALTERNATIVE (GA, 2–4 TN): TN wählen einen Stadtteil ihres Kursortes, den sie gut kennen, und schreiben einen Stadtteilführer mit Empfehlungen und (Geheim-)Tipps. Sie können den Text auch mit Fotos, z. B. aus dem Internet, Postkarten, usw. ansprechend gestalten.	
VORHANG AUF	TN spielen die vorgegebene Situation in PA.	
	BINNENDIFFERENZIERUNG: TN bereiten die Situation schriftlich vor. Schnellere TN überlegen sich weitere Reibungspunkte und bauen die Situation aus. Einige Rollenspiele werden im PL vorgespielt. KL schreibt währenddessen typische Fehler auf, die danach im PL korrigiert werden.	

2 Hier kaufe ich ein.

Lernziele/Sprachhandlungen

Sprechen	sich über Einkaufsmöglichkeiten und Einkaufsgewohnheiten austauschen*; Vorteile und Nachteile ausdrücken; etwas reklamieren*; Gespräche beim Einkaufen führen*
Hören	kurze Gespräche im Büro, Gespräche über das Einkaufen, eine Reklamation verstehen
Schreiben	über eigene Einkaufsgewohnheiten schreiben
Lesen	einen Zeitungsartikel über Einkaufsgewohnheiten, Anzeigen, eine Mahnung, Texte über verschiedene Einkaufsmöglichkeiten verstehen
Beruf	mit Kunden telefonieren; auf Reklamationen reagieren*

Lerninhalte

Redemittel	Brot hole ich meistens in der Bäckerei. | Dann kann man schnell zur Tankstelle fahren. | Ich unterhalte mich gerne mit Verkäufern. | Auf dem Markt ist alles ziemlich teuer. | Sie haben leider die falsche Ware geschickt. | Es tut mir leid, das ist unser Fehler. | Moment mal, ich warte hier schon länger.
Wortschatz	Einkaufen
Grammatik	Reflexivpronomen im Akkusativ und im Dativ | Relativpronomen im Akkusativ | *sondern*
Aussprache	Was ist freundlich?

	Erläuterungen zum Unterricht	Materialien
1a	KL schreibt *Einkaufen* an, die TN sagen, wo man einkaufen kann (Bäcker, Supermarkt, Internet, …). KL schreibt die Vorschläge an. TN öffnen das KB und sehen, welche Einkaufsmöglichkeiten dort abgebildet sind. KL weist darauf hin, dass die großen Fotos die Situation vorher, die kleinen die Situation nachher darstellen. PA: TN lesen die Wörter/Ausdrücke, arbeiten ggf. mit dem Wörterbuch und ordnen die Begriffe den Bildern zu. Vergleich im PL. TN fassen zusammen, was auf den Fotos passiert / zu sehen ist. **Lösung:** A/B: etwas aus der Bäckerei holen, eine Frühstückspause haben; C/D: etwas liefern; Waren/Material bestellen; das Paket; den Empfang bestätigen; E/F: einkaufen müssen; der Laden / das Geschäft / der Supermarkt	Wörterbuch
1b	TN hören die Dialoge und machen Notizen zu den drei Fragen. **Lösung:** Dialog 1: Mann hat Brezeln beim Bäcker gleich um die Ecke gekauft. Die Ware ist frisch und nicht so teuer. Dialog 2: Eleni kauft noch schnell im Supermarkt ein, weil sie da alles bekommt. Dialog 3: Eleni hat beim Büroprofi Büromaterial bestellt, es wird da sehr schnell geliefert. ALTERNATIVE (GA, 3–4 TN): KL gibt jeder Gruppe die drei Hörtexte als Textpuzzle. TN legen die Dialoge beim Hören zusammen und beantworten die Fragen im PL.	CD: Track 1.24–26
1c	TN machen ein Kursinterview mit mindestens drei TN. Was kaufen die Personen in kleinen Geschäften, was online und was im Supermarkt. TN machen Notizen und vergleichen im PL. Was wird oft wo gekauft? ERWEITERUNG: Als Vorentlastung können die TN ÜB 1c machen.	

	Erläuterungen zum Unterricht	Materialien
2a	TN beschreiben im PL das Foto. Dann lesen sie den Chat und überlegen gemeinsam, welche Alternativen es für Eleni zum Supermarkt gegeben hätte. LANDESKUNDLICHER HINWEIS: Supermärkte in Deutschland sind sonntags geschlossen, unter der Woche schließen die meisten um 20 Uhr. Danach kann man einige Artikel in Tankstellen und am Bahnhof kaufen. Regional kann man auch Läden finden, die länger geöffnet sind: z. B. Kioske. In Berlin z. B. gibt es so genannte Spätis (Spätverkaufsstellen), die einiges anbieten. Bäckereien haben sonn- und feiertags unterschiedlich lange auf. INTERKULTURELLE PERSPEKTIVE: TN berichten, zu welchen Zeiten Supermärkte in ihren Heimatländern geöffnet haben und welche Alternativen es gibt, wenn man Lebensmittel braucht und der Supermarkt geschlossen hat.	IAW K2-1

2b	GA (3 TN): Die TN lesen einen der drei Texte und ergänzen die Informationen in der Tabelle. Dann fassen sie ihn für die anderen TN zusammen, die die Tabelle mit den Informationen erweitern ▶ **kooperatives Lesen**. **Lösung:** Mike Grosser: Kauft Lebensmittel und Geräte online, weil er wenig Zeit hat und viel arbeitet. Kleidung und Schuhe kauft er im Geschäft, weil er da Beratung braucht; Anna Leitner: kaufte im Supermarkt ein, weil die kleinen Läden verschwunden sind, heute auch wieder bei einem türkischen Händler, weil er vieles im Angebot hat und seine Tochter ihre Tasche nach Hause trägt; Sophia Garga: macht den Großeinkauf einmal pro Woche im Supermarkt, weil sie wenig Zeit hat. Wenn beim Kochen etwas fehlt, geht sie zur Tankstelle, und im Urlaub, wenn sie Zeit hat, auf den Markt. ERWEITERUNG: Die TN schreiben drei Fragen zu ihren Texten. Die TN lesen die anderen Texte und beantworten diese Fragen.	
UND SIE?	Differenzierungsaufgabe: GA (3–4 TN): TN wählen zwischen den beiden Gesprächsanlässen. BINNENDIFFERENZIERUNG: Schnellere TN sprechen über beide Themen.	

	Erläuterungen zum Unterricht	**Materialien**
3a	KL schreibt *Zeit*, *Preis*, *Qualität*, *Beratung* und *Kontakt* an und klärt ggf. Vokabular. GA: TN lesen die Texte und sprechen darüber, welche Vorteile und welche Nachteile die beiden Einkaufsmöglichkeiten bieten. LANDESKUNDLICHE INFORMATION: Informationen zu Supermärkten mit Online-Service z. B. auf https://shop.rewe.de/; zu Wochenmärkten z. B. auf http://www.wochenmarkt-deutschland.de/.	
3b	TN sammeln im PL Vor- und Nachteile eines Wochenmarktes. TN hören das Gespräch und notieren die genannten Vor- und Nachteile. Vergleich im PL: Welche Punkte hatten die TN vor dem Hören genannt? Welche sind neu? **Lösung:** Vorteile: Gemüse ist frisch; man kann die Produkte oft probieren; Nachteile: teuer, man braucht Zeit zum Einkaufen BINNENDIFFERENZIERUNG: TN notieren nur Vorteile oder nur Nachteile.	CD: Track 1.27
3c	TN hören noch einmal und notieren, wer die Sätze sagt. Vergleich im PL. **Lösung:** 1. F; 2. E; 3. E; 4. E; 5. F	CD: Track 1.27
3d	TN markieren in den Sätzen in 3c die Verben und die Pronomen *mir* oder *mich* und ergänzen die Sätze. KL erklärt, dass es sich bei *mir/mich* um Reflexivpronomen handelt und dass das Verb bestimmt, ob sie im Akkusativ oder im Dativ stehen. Die reflexiven Verben mit Reflexivpronomen im Dativ haben ein Akkusativobjekt (*ich wasche mich – ich wasche mir die Hände*). KL liest mit den TN die Deklination der Reflexivpronomen und weist darauf hin, dass die Formen bis auf die 3. Person Sg. und Pl. (*sich*) wie die Personalpronomen im Akkusativ und Dativ sind. ERWEITERUNG/BINNENDIFFERENZIERUNG: TN machen ÜB 3c, schnellere TN auch 3d.	
3e	TN schreiben die vorgegebenen Sätze zu Ende. Vergleich im PL. VARIANTE: TN schreiben die Sätze auf Blätter. KL oder TN sammeln die Blätter ein und lesen die Sätze vor, die anderen TN raten, wer das geschrieben hat. ERWEITERUNG (PA): TN diktieren sich gegenseitig die Diktate mit reflexiven Verben der KV. Anschließend korrigieren sie die Fehler. Auch als Laufdiktat möglich.	KV

	Erläuterungen zum Unterricht	**Materialien**
4a	TN betrachten die Bilder und ordnen die Geschichte. Vergleich im PL. **Lösung:** D1; E2; C3; A4; B5 VARIANTE (GA): KL kopiert für jede Gruppe die Bilder. TN ordnen sie.	Kopien der Bilder
4b	TN lesen die drei Sätze. KL erklärt die Bedeutung von *sondern*. Ggf. bilden KL und TN weitere Beispielsätze. TN hören das Telefonat und kreuzen an. **Lösung:** Satz 2	CD: Track 1.28

4c	TN lesen die Redemittel. KL klärt ggf. Vokabular. TN hören das Telefongespräch noch einmal und markieren, welche Redemittel sie hören. **Lösung:** Sagen Sie mir bitte zuerst Ihre Kundennummer? / Ich habe ... bestellt, aber Sie haben ... Papier geliefert ... / Es tut mir leid, das ist unser Fehler. / wir schicken Ihnen sofort die richtige Ware ...	CD: Track 1.28
	VARIANTE (GA): KL kopiert die Redemittel auf Papierstreifen für jede Gruppe. TN ordnen sie nach *etwas reklamieren / auf Reklamationen reagieren* und korrigieren mit dem KB. TN hören das Telefongespräch noch einmal und legen die Papierstreifen mit den gehörten Ausdrücken in die Mitte und die nicht gehörten zur Seite. Vergleich im PL.	Kopien der Redemittel
	ERWEITERUNG: TN kleben die Papierstreifen je nach Sprechhandlung (*etwas reklamieren / auf Reklamationen reagieren*) auf DIN-A3-Blätter oder Plakate und hängen sie im Kursraum auf.	DIN-A3-Blätter
4d	PA: TN wählen eine der beiden Situationen und/oder überlegen eine eigene, in der etwas reklamiert wird. Die TN können das Gespräch zuerst schreiben, anschließend frei spielen. Einige Dialoge können im PL vorgespielt werden.	
	BINNENDIFFERENZIERUNG: Schnellere TN üben mehrere Situationen. ALTERNATIVE: Zwei TN spielen eine Reklamation, benennen aber das reklamierte Objekt nicht, die anderen TN raten den Grund der Reklamation.	
UND SIE?	TN sprechen darüber, ob sie einmal etwas reklamiert oder umgetauscht haben. Wie war ihre Erfahrung? Wie haben die Geschäftspartner reagiert?	
	ERWEITERUNG/INTERKULTURELLE PERSPEKTIVE: TN sprechen darüber, wie man in ihren Heimatländern reagiert, wenn ein Produkt nicht in Ordnung ist. Kann man Käufe reklamieren/umtauschen? Welche Regeln gibt es dafür? Sehen die TN kulturelle Unterschiede zu Deutschland?	

	Erläuterungen zum Unterricht	Materialien
5a	TN sprechen darüber, was in ihren Heimatländern passiert, wenn man eine Rechnung nicht bezahlt, und ob sie wissen, was in den deutschsprachigen Ländern passiert. KL schreibt *Mahnung* an und klärt den Begriff. TN lesen die Texte und sprechen über das Problem und dessen Lösung. **Lösung:** Die Fima Büroprofi denkt, dass Eleni die Rechnung noch nicht bezahlt hat. Eleni stellt das richtig und bekommt für die nächste Bestellung 5% Rabatt.	IAW K2–2
5b	TN lesen die Texte noch einmal und ergänzen die Sätze im Fokuskasten. KL erklärt, dass es sich bei den einzusetzenden Wörtern um Relativpronomen handelt und dass sie diese im Nominativ aus A2 kennen (ggf. Wiederholung: *Das ist der Kollege. Der Kollege kommt immer zu spät. Das ist der Kollege, der immer zu spät kommt* usw.). TN überlegen, wie die Relativsätze im Akkusativ gebildet werden. KL weist darauf hin, dass das Akkusativobjekt durch das Relativpronomen ersetzt wird, dass die Relativpronomen gleich dem bestimmten Artikel im Akkusativ sind und dass sie meist direkt nach dem Nomen stehen. In welchem Kasus das Pronomen steht, hängt vom Verb im Nebensatz ab.	
5c	TN markieren die Wörter, die in beiden Sätzen vorkommen, und schreiben Relativsätze. Vergleich im PL. **Lösung:** 2. Der Drucker, den der Chef bestellt hat, ist sehr teuer. 3. Das Paket, das wir geschickt haben, ist zu spät angekommen. 4. Der Mitarbeiter von Büroprofi, den ich angerufen habe, war nett. 5. Die Brötchen, die die Chefin gestern mitgebracht hat, waren lecker.	
	ERWEITERUNG GA (2–4 TN): Jede Gruppe erhält ca. drei Kärtchen. Auf eine Seite der Kärtchen werden zwei Sätze wie in 5c geschrieben, auf die andere Seite der korrekte Relativsatz (KL korrigiert ggf. die Lösungen). Die Kärtchen werden an die nächste Gruppe weitergegeben. Die Gruppe bildet Relativsätze und korrigiert mithilfe der Rückseite, danach werden die Kärtchen wieder an die nächste Gruppe weitergegeben usw. ERWEITERUNG/BINNENDIFFERENZIERUNG: TN machen ÜB 5a, schnellere TN auch 5b.	Kärtchen

5d	KL liest mit den TN das Beispiel. Vorentlastung: KL und TN klären die Artikel der Nomen und wiederholen die Bildung von *welche/r/s* usw. sowie die Partizipien der vorgegebenen Verben. PA: TN fragen sich gegenseitig wie im Beispiel und antworten mit Relativsatz.	
	ERWEITERUNG: TN schreiben auf Kärtchen eigene Beispiele und die Antwort auf die Rückseite und machen einen ▶ **Kursspaziergang.** Sie suchen Partner, stellen ihnen die Frage und kontrollieren, ob die Antwort grammatikalisch korrekt ist. Danach tauschen sie die Karten und suchen weitere Partner.	Kärtchen
	ERWEITERUNG (PA): TN machen die Partnerübung der KV.	KV

	Erläuterungen zum Unterricht	Materialien
6a	TN beschreiben die Bilder und das Problem der Einkaufssituationen A bis D.	
6b	TN lesen in PA die Dialoge und überlegen, zu welchem Bild sie passen. KL weist darauf hin, dass es zu einem Bild keinen Dialog gibt. Vergleich im PL. **Lösung:** A2; B–; C3; D1	
6c	KL klärt die Sprachhandlungen: *sich durchsetzen, sich entschuldigen, um etwas bitten.* TN lesen die Dialoge noch einmal und ergänzen die Redemittel. Vergleich im PL. KL klärt ggf. Vokabular. KL kann die Redemittel vorlesen, die TN sprechen im Chor nach, um den Satzakzent zu üben. **Lösung:** Tut mir leid, ich wusste nicht, dass Sie vor mir da waren. Würden Sie mir bitte eine andere Mandarine geben?	
6d	TN hören die Varianten der Sätze und markieren, welche Version freundlich klingt. **Lösung:** Version a ist jeweils freundlich.	CD: Track 1.29
6e	TN hören noch einmal und sprechen die Sätze freundlich.	
6f	Differenzierungsaufgabe (PA): TN wählen eine der Situationen von 6b, spielen sie freundlich und verwenden die Redemittel aus 6c. Sprachlich stärkere TN können Situation B (ohne Dialog) bearbeiten und selbst einen freundlichen Dialog ausarbeiten.	
UND SIE?	GA (3–5 TN): TN sprechen darüber, ob ihnen auch schon mal etwas Ungewöhnliches beim Einkaufen passiert ist, ob sie ein Problem lösen mussten und ob sie Situationen aus 6b schon erlebt haben. Ein Sprecher kann die wichtigsten Informationen im PL zusammenfassen.	

	Erläuterungen zum Unterricht	Materialien
7a	TN beschreiben die Fotos. TN lesen die Überschriften, KL klärt ggf. Vokabular. TN lesen die Texte schnell (1–2 Minuten) und kreuzen an, welcher Titel passt. ▶ **globales Lesen.** **Lösung:** A Ohne Plastik geht es auch!; B Direkt vom Feld: reif & lecker; C Essen wie im fernen Osten	
7b	TN lesen die Texte noch einmal und notieren, in welchem Text und in welchen Zeilen sie die Informationen finden ▶ **intensives Lesen**. Vergleich in PA. **Lösung:** 2. Text A, Z. 1–3; Text B, Z. 3–4; 4. Text A, Z. 3–4; 5. Text C, Z. 9–11	
7c	GA (3–4 TN): TN sprechen darüber, ob sie andere ungewöhnliche Geschäfte/Einkaufsmöglichkeiten kennen. Besprechung der Ergebnisse im PL. ERWEITERUNG: TN schreiben in GA einen Einkaufsführer für ihren Kursort, in dem sie interessante Geschäfte vorstellen. Jede Gruppe stellt auf einem Blatt das Geschäft vor, evtl. mit Webseite, Öffnungszeiten und Fotos. Die Seiten werden kopiert und zu einem Heft, evtl. mit Titelblatt, zusammengefasst. TN können ihr Geschäft in einer ▶ **Minipräsentationen** vorstellen. Beispiele für ungewöhnliche Einkaufsmöglichkeiten z. B. in Köln findet man hier: http://www.koeln.de/koeln/einkaufen/einzigartig_einkaufen INTERKULTURELLER ASPEKT: TN erzählen von typischen oder originellen Geschäften ihres Heimatlandes.	
VORHANG AUF	TN wählen in GA eine der Situationen. Sie entwerfen Rollenspiele und spielen sie im PL vor.	Video 1

Haltestelle A

	Erläuterungen zum Unterricht	Materialien
1a	KL schreibt *Verkäuferin im Supermarkt* an und fragt, was ihnen zu dem Beruf einfällt. TN lesen den Text und bringen ihn in die richtige Reihenfolge. **Lösung:** 1, 6, 5, 3, 2, 4	
	VARIANTE (GA, 3–4 TN): KL gibt jeder Gruppe den Text als Textpuzzle, die TN legen den Text richtig zusammen.	Text als Textpuzzle
1b	TN schreiben zwei Vor- und zwei Nachteile des Berufs einer Verkäuferin und vergleichen anschließend mit einem Partner. Evtl. Vergleich im PL.	
1c	TN schreiben zu einem Beruf je zwei Vor- und zwei Nachteile auf ein Kärtchen (z. B. Vorteil: *Er/Sie lernt viele unterschiedliche Menschen kennen.* Nachteil: *Er/Sie muss oft auch am Wochenende und in der Nacht arbeiten.*) TN lesen ihre Kärtchen vor oder der KL sammelt sie ein und liest vor. Die anderen TN raten den Beruf (z. B. Antwort: Taxifahrer).	Kärtchen
	ERWEITERUNG: Wenn der Beruf durch die Vor- und Nachteile nicht klar wurde, stellen TN Ja/Nein-Fragen, z. B. *Brauchst du für deinen Beruf ein Fahrzeug?*	

	Erläuterungen zum Unterricht	Materialien
2a	TN lesen die Textteile und kombinieren, was zusammen passt. **Lösung:** 2. e), 3. f), 4. c), 5. a), 6. d)	
2b	TN hören die Dialoge und kontrollieren ihre Lösung aus 2a. PA: Sie lesen die Dialoge zweimal mit vertauschten Rollen.	CD: Track 1.35
2c	TN wählen in PA drei der Situationen von 2a aus und überlegen sich eine andere Reaktion. Anschließend spielen sie die Situationen im PL vor.	
	VARIANTE: KL schreibt die Anfänge der Dialoge auf jeweils ein DIN-A3-Blatt und legt sie aus. Die TN schreiben auf eines der Blätter eine Reaktion und knicken das Blatt so, dass man ihre Reaktion nicht lesen kann, dann gehen sie zum nächsten Blatt. Am Ende werden alle Reaktionen eines Dialogs vorgelesen. Die TN wählen die passendste, lustigste, originellste ... Antwort.	DIN-A3-Blätter

	Erläuterungen zum Unterricht	Materialien
3	KL erklärt, dass im folgenden Spiel kommunikativ die Themen aus Kapitel 1 und 2 wiederholt werden. GA (4 TN): TN spielen das Spiel. KL erklärt die Spielregeln und gibt ggf. Hinweise, was *aussetzen*, *noch einmal würfeln* etc. bedeuten. Gewonnen hat, wer zuerst am Ziel ist.	Spielfiguren, Münze

	Erläuterungen zum Testtraining	Materialien
1	DTZ, Hören Teil 1 und 2: KL bespricht mit den TN die Tipps, TN lösen die Aufgaben. **Lösung:** 1a; 2c; 3c; 4a; 5a	CD: Track 1.36
2a	DTZ, Schreiben Teil 1: TN lesen das Prüfungsbeispiel und die Tipps. Sie lesen die Briefe und ordnen sie den zwei Wahlmöglichkeiten zu.	
	ERWEITERUNG: TN markieren (ggf. in vier unterschiedlichen Farben oder mit verschiedenen Unterstreichungen), was zu den einzelnen Punkten geschrieben wurde.	
2b	TN markieren in Text 2, welche Ausdrücke nützlich für ihre eigene Mail sein können, und schreiben danach die Mail.	

3 Wir sind für Sie da.

Lernziele/Sprachhandlungen

Sprechen	sich über Versicherungen informieren*; über Erfahrungen mit Versicherungen und Banken sprechen*; Sperrnotruf anrufen
Hören	ein Gespräch über ein Problem zwischen Nachbarn verstehen; eine Nachricht auf der Mailbox verstehen; ein Beratungsgespräch, Bankangebote verstehen
Schreiben	eine E-Mail über Erfahrungen in Deutschland schreiben
Lesen	einen Brief über einen Versicherungsfall, Texte über Versicherungen*, einen Infotext über den Verlust einer EC-Karte, einen Text über die Verbraucherzentrale verstehen
Beruf	ein Beratungsgespräch führen*

Lerninhalte

Redemittel	Eine Freundin hat bei uns gekocht, da ist etwas passiert. | Bei mir war das so: … | Ich finde es wichtig, dass die Beratung gut ist. | Ich mache alles mit einer BankApp auf meinem Handy. | Ich brauche ein eigenes Konto. | Ich habe meine Brieftasche verloren.
Wortschatz	Banken und Versicherungen
Grammatik	Genitiv | Nebensätze mit *obwohl*
Aussprache	Schwierige Wörter

	Erläuterungen zum Unterricht	Materialien
1a	KL zeigt das Bild. TN beschreiben das Foto und benennen die Personen (Herr Moreno, Frau Haffner, Jan). Sie überlegen, was passiert sein könnte und wie die Personen das Problem lösen.	
1b	TN lesen die Stichpunkte, KL klärt ggf. Vokabular. TN schreiben in PA einen möglichen Dialog zwischen Herrn Moreno und Frau Haffner. Sie lernen ihn auswendig und spielen ihn frei (im PL, einer anderen Gruppe) vor.	
1c	KL liest mit den TN die Aussagen und klärt das Vokabular. TN hören das Gespräch und kreuzen die richtige Lösung an. **Lösung:** 2; 4	CD: Track 1.37
1d	GA (3–4 TN): TN sprechen darüber, ob sie schon so eine Situation erlebt haben. Anschließend evtl. ▶ **Wirbelgruppen** zum Austausch der Ergebnisse.	

	Erläuterungen zum Unterricht	Materialien
2a	TN beschreiben im PL kurz die Bilder, lesen die E-Mail und bringen die Fotos in die richtige Reihenfolge. **Lösung:** D; E; F; A; C; B	
2b	KL sammelt im PL, was TN schon über die genannten Versicherungen wissen. LANDESKUNLICHE INFORMATION (▶ **Expertenrunde/kooperatives Lesen**): Jede/r TN liest einen Text der KV und informiert die anderen in der Gruppe.	KV
2c	TN lesen die Texte und überlegen, um welche Versicherungen es sich handelt. **Lösung:** A Rechtsschutz-; B Hausrats-; C Haftpflichtversicherung	
2d	TN überlegen, welche Versicherung helfen kann. Vergleich in GA (3–4TN)/PL. **Lösung:** 1. A; 2. B; 3. A; 4. B; 5. C	

	Erläuterungen zum Unterricht	Materialien
3a	KL schreibt *Versicherungsvertreter/in* an. TN sagen, was sie über diesen Beruf wissen und überlegen, ob es den Beruf auch in den Heimatländern gibt. TN lesen die Aussagen. KL klärt ggf. Vokabular. TN hören und kreuzen an. **Lösung:** 1. F; 2. b	CD: Track 1.38

3b	TN lesen und markieren die Fragen, die ihnen wichtig erscheinen, evtl. zuerst im PL, um Vokabular zu klären. Vergleich in PA. VARIANTE: Die TN ordnen die Fragen von 1 bis 8 nach Wichtigkeit (1 = am wichtigsten, 8 = am wenigsten wichtig) und vergleichen in GA (3–4 TN). Starke Gruppen begründen, warum ihnen manche Fragen wichtiger erscheinen.	
3c	TN hören das Gespräch und markieren in 3b, welche Fragen Herr Moreno stellt. Vergleich im PL. **Lösung:** 1, 2, 4, 6, 8	CD: Track 1.39
3d	TN hören noch einmal und notieren die Antworten zu den gestellten Fragen.	CD: Track 1.39
3e	PA: TN entwerfen einen Dialog und spielen ihn. ERWEITERUNG: TN tauschen die Rollen und spielen eine weitere Situation mit abgeänderten Angaben (Personenzahl, Reiseziel, Dauer ...).	
UND SIE?	GA (3 TN): Redemittel werden gelesen, Klärung des Vokabulars. TN sprechen über Versicherungen, die sie haben/hatten, und ihre Erfahrungen damit. INTERKULTURELLE PERSPEKTIVE: TN sprechen im PL über Versicherungen in ihren Heimatländern und welche dort verbreitet sind.	

	Erläuterungen zum Unterricht	Materialien
4a	TN betrachten das Foto und überlegen im PL, aus welchem Grund Herr Moreno seiner Tochter Geld gibt. KL hält die Vorschläge an der Tafel fest.	IAW K3-1
4b	KL liest mit den TN die Aussagen und klärt ggf. Vokabular. TN überlegen, welche richtig sein könnten, und hören dann das Gespräch. Vergleich im PL. **Lösung:** 1. b; 2. b	CD: Track 1.40
4c	PA/GA: TN ordnen die Antworten den Fragen zu, ggf. mithilfe eines Wörterbuchs. Sie hören das Gespräch und überprüfen ihre Lösung. **Lösung:** A3; B5; C1; D2; E4 ERWEITERUNG (GA, 5 TN): Die TN bekommen eine der Fragen zugeteilt. TN stellen die Frage in ihrer Gruppe, die anderen TN versuchen, frei Auskunft zu geben. Die Übung kann so lange wiederholt werden (TN tauschen dabei die Fragen), bis die Fragen flüssig beantwortet werden können.	Wörterbuch CD: Track 1.41
4d	TN lesen die Anzeigen. KL klärt ggf. Vokabular. TN hören das Gespräch aus 4c noch einmal und diskutieren, welche Bank die richtige für Karla ist. **Lösung:** BankDirect ERWEITERUNG (GA, 3–4 TN): TN entwerfen einen Werbeprospekt für eine Phantasie-Bank und stellen „ihre" Bank und deren Serviceleistungen im PL vor. Die TN diskutieren, welche Bank sie am interessantesten finden.	CD: Track 1.41 Papier, Stifte
UND SIE?	GA (3–4 TN): TN sprechen über ihr Verhalten als Bankkunde/in und wie sie bestimmte Bankgeschäfte erledigen.	

	Erläuterungen zum Unterricht	Materialien
5a	KL fragt TN, ob sie eine EC-Karte besitzen und diese schon einmal verloren haben. Wie haben die TN reagiert? KL erklärt, dass auch Herr Moreno seine Karte nicht mehr findet. TN machen Vorschläge, was Herr Moreno machen kann, die KL an der Tafel notiert.	
5b	TN lesen den Internet-Artikel und kreuzen an. Vergleich im PL. **Lösung:** 1. R; 2. R; 3. R; 4. F INTERKULTURELLE PERSPEKTIVE: TN besprechen, wie man in den Heimatländern reagieren sollte.	
5c	TN lesen die Satzteile und ordnen zu. **Lösung:** 2. e); 3. a), 4. b); 5. d) VARIANTE (PA/GA): Die Gruppen erhalten die Teilsätze auf Streifen zum Zuordnen.	Papierstreifen

5d	TN vervollständigen den Fokuskasten mithilfe der Sätze in 5c. KL erklärt, dass es sich bei diesen Formen um den Genitiv handelt, der eine Art von „Zugehörigkeit" zwischen Personen und/oder Objekten ausdrückt (evtl. Hinweis: Zusammenhang kann auch mit *von* + Dativ ausgedrückt werden: *der Verlust meiner Girocard = der Verlust von meiner Girocard*, der Genitiv ist eher in geschriebener, *von* + Dativ eher in der gesprochenen Sprache üblich). TN nennen die Endungen des Genitivs, KL schreibt sie in verschiedenen Farben an (mask = *s*; fem = *r*; neutr = *s*; Pl = *r*). TN lesen den Tippkasten. KL weist darauf hin, dass beim Genitiv bei maskulinen und neutralen Nomen *-s* oder *-es* angehängt werden; *-es* ist gebräuchlicher bei kurzen, einsilbigen Nomen (*der Mann – des Mannes*) und aus phonetischen Gründen obligatorisch, wenn das Nomen auf *-s*, *-ß*, *-x* endet.	
	ERWEITERUNG: TN erstellen ein Grammatikplakat und hängen es auf. ERWEITERUNG (▶ **Miniprojekt**): TN suchen in Zeitungen nach Genitiven. Sie können sie auch ausschneiden und aufkleben (Art Genitiv-Collage). Auf diese Weise wird deutlich, dass der Genitiv typisch für geschriebene Sachtexte ist.	DIN-A3-Blätter oder Plakate, dicke Stifte, Zeitungen, Schere, Klebstoff
5e	TN bilden aus den vorgegebenen Ausdrücken Sätze. Vergleich im PL. **Lösung:** 1. Die Nummer der Polizei ist 110. 2. Das Drucken der Kontoauszüge ist kostenlos. 3. Die Bedienung des Geldautomaten ist einfach. 4. Der Verlust einer Kreditkarte ist ärgerlich.	
	ERWEITERUNG/BINNENDIFFERENZIERUNG: Zur Vertiefung können die TN ÜB 5a machen, schnellere TN machen auch 5b. ERWEITERUNG (GA, 3–5 TN): KL kopiert die KV für jede Gruppe auf Karton und schneidet die Kärtchen aus. TN spielen ▶ **Schnapp**. ERWEITERUNG (GA, 4–5 TN, Filmtitel-Spiel): TN schreiben in fünf Minuten Nomen mit Artikeln auf Kärtchen und geben sie an die nächste Gruppe weiter. Diese legt die Kärtchen verdeckt oder offen auf den Tisch. Ein TN wählt zwei aus und bildet einen Genitiv-Ausdruck (z. B.: *der Schlüssel* und *das Glück* ergibt *der Schlüssel des Glücks / das Glück des* Schlüssels). Die TN überlegen eine kurze Inhaltsbeschreibung eines Films mit diesem Namen. Schwächere Gruppen können in EA/PA eine kurze Inhaltsangabe schreiben.	KV Kärtchen
5f	PA: TN spielen den Anruf beim Sperrnotruf. Eine Gruppe kann den Anruf im PL vorspielen. Zur Vorentlastung kann evtl. ÜB 5c gemacht werden.	Video 2
	ERWEITERUNG: TN tauschen die Rollen und spielen das Gespräch mit unterschiedlichen Angaben.	

	Erläuterungen zum Unterricht	Materialien
6a	KL schreibt *Deutschland und die Deutschen* an. GA: TN sammeln typische Meinungen und Ansichten, die in ihren Heimatländern vorherrschen. Danach ▶ **Wirbelgruppen** und Vergleich im PL. Welche Punkte finden die TN zutreffend? Wo haben sie vielleicht andere Erfahrungen gemacht?	IAW K3-2
	ALTERNATIVE (GA): TN schreiben typische Stereotype über Deutschland und die Deutschen, die in ihrem Heimatland vorherrschen, auf jeweils ein DIN-A4-Blatt. Die Blätter werden ausgelegt (Mehrfachnennungen aussortieren). ▶ **Stiller Dialog:** TN gehen herum, lesen die Aussagen und schreiben ihre Meinung dazu. Auch die Meinungen der anderen TN werden kommentiert. Nach ca. 15 Minuten Besprechung im PL. Hinweis: KL sollte darauf achten, dass ein möglichst vielfältiges Bild der deutschsprachigen Länder entsteht und nicht nur Stereotype bekräftigt werden („ALLE Deutschen sind …"). Es sollte gezielt aufgefordert werden, über Erfahrungen in Deutschland / mit Deutschen zu berichten, die die TN so nicht erwartet hatten.	DIN-A4-Blätter
6b	TN lesen im PL Aussagen 1 bis 3 und überlegen, was richtig sein könnte. Dann lesen sie die E-Mail und markieren die richtige Antwort. Vergleich im PL. **Lösung:** 1. gut; 2. erst nach einiger Zeit; 3. freundlich und hilfsbereit	
6c	TN markieren in der E-Mail in 6b die Sätze mit *obwohl* und ergänzen den Fokuskasten. KL erklärt, dass Sätze mit *obwohl* Nebensätze sind, die sowohl vor als auch hinter dem Hauptsatz stehen können. Ggf. sammeln die TN andere Nebensatz-Konnektoren und wiederholen die Syntax (Verb am Ende beim NS; bei NS vor HS, Inversion im HS). Bedeutung von *obwohl* = anders als erwartet.	
	ERWEITERUNG/BINNENDIFFERENZIERUNG: TN machen zur Vertiefung im ÜB 6b, schnellere TN auch 6c.	

6d	TN überlegen in PA, welche beiden Sätze zusammengehören und schreiben dann Sätze mit *obwohl*. **Lösung:** 2. d) Lucas war pünktlich in der Schule, obwohl der Bus Verspätung hatte. 3. b) Herr Moreno lebt gern in Deutschland, obwohl er seine Freunde aus Madrid vermisst. 4. a) Frau Moreno ist nach Deutschland gezogen, obwohl sie eine gute Arbeit in Spanien hatte.	
	VARIANTE: KL schreibt die Sätze auf Kärtchen und gibt jeder Gruppe (3–4 TN) einen Satz. TN ordnen die Kärtchen zu und schreiben dann die Sätze.	Kärtchen
6e	PA: TN schreiben drei Sätze auf Zettel. Das nächste Paar ergänzt den Satz.	
	BINNENDIFFERENZIERUNG: Schnellere Gruppen schreiben mehr als drei Sätze. VARIANTE (GA): TN schreiben einen Satz oben auf ein DIN-A4-Blatt. Das Blatt wird von Gruppe zu Gruppe weitergegeben, jede Gruppe schreibt eine andere Variante, um den *obwohl*-Satz fortzusetzen. KL gibt eine Zeit vor.	Zettel Blätter
UND SIE?	Differenzierungsaufgabe: TN schreiben eine E-Mail wie in 6b (evtl. als Hausaufgabe) entweder zu Deutschland oder für ihr Heimatland.	

	Erläuterungen zum Unterricht	**Materialien**
7a	KL schreibt *Verbraucherzentrale* an, klärt ggf. die Vokabel und fragt die TN nach der Aufgabe von Verbraucherzentralen. KL liest mit den TN die Themen und klärt ggf. Vokabular. TN lesen die Forumstexte und ergänzen den Namen. **Lösung:** Energie, Bauen, Wohnen: siggi; Finanzen: sandmann; Versicherung: boris; Medien, Telefon: luisa.	
	INFORMATION: Verbraucherzentralen sind gemeinnützige Vereine, die die Aufgabe haben, Verbraucher bei ihrem privaten Konsum zu unterstützen und kostenlos zu beraten, vgl. www.verbraucherzentrale.de.	
7b	KL schreibt die drei Fragen an. TN sprechen im PL über Forumstexte und versuchen die Fragen zu beantworten.	
7c	TN sprechen darüber, ob sie schon Erfahrungen mit einer Verbraucherzentrale gemacht haben und ob es ähnliche Institutionen in ihren Heimatländern gibt.	
	ERWEITERUNG/INTERKULTURELLE PERSPEKTIVE: Mit Inlandskursen kann eine Verbraucherzentrale besucht werden, dafür werden Fragen gesammelt.	

	Erläuterungen zum Unterricht	**Materialien**
8a	TN hören die Wörter und sprechen nach. KL liest die Wörter vor und markiert die Wort- und Satzakzente durch Klatschen oder Klopfen. TN sprechen nach und üben dann mit einem Partner/einer Partnerin.	CD: Track 1.42
8b	KL schreibt die Wörter an, liest sie vor und markiert die Akzente. TN üben in PA, indem sie sie erst langsam und dann immer schneller sprechen. Jeder TN liest ein Wort laut vor. TN suchen ein langes und schwieriges Wort im Kurs- oder Wörterbuch und schreiben es auf einen Zettel.	
	ERWEITERUNG: KL sammelt die Zettel ein und übt sie mit den TN im PL. Die Zettel werden wieder ausgeteilt für einen ▶ **Kursspaziergang**. Die TN lesen das Wort ihrer Partner, tauschen die Zettel und gehen zum nächsten TN usw. Nach ca. drei Minuten lesen sie das Wort, das sie in der Hand halten, laut.	Zettel
VORHANG AUF	Differenzierungsaufgabe (PA): TN entscheiden sich für eine der Situationen und bereiten ein Rollenspiel dazu vor. Einige Rollenspiele werden vorgespielt.	

4 Schmeckt's?

Lernziele/Sprachhandlungen

Sprechen	Gewohnheiten und Veränderungen beschreiben*; über Veränderungen berichten; Gespräche beim Essen führen; Ratschläge zur Ernährung geben*; eine Präsentation machen
Hören	Smalltalk-Gespräche beim Essen verstehen
Schreiben	eine Bildgeschichte, Text über Essgewohnheiten schreiben
Lesen	einen Schulbuchtext über Essgewohnheiten, eine Umfrage verstehen
Beruf	Workshop in der Firma: Ernährungsberaterin

Lerninhalte

Redemittel	Für mich ist beim Essen wichtig, dass es gut schmeckt. | Früher hat man bei uns wenig Süßes gegessen. | Das schmeckt lecker. | Möchtest du noch etwas Salat? | Habt ihr das schon gehört? | Nehmen Sie sich Zeit beim Essen. | Ich möchte etwas über das Kochen erzählen.
Wortschatz	Ernährung
Grammatik	Präteritum (Wiederholung) | *deshalb*/*deswegen* und *trotzdem*
Aussprache	Sprechtempo und Pausen

	Erläuterungen zum Unterricht	Materialien
1a	GA (3–5 TN): TN notieren in ca. zehn Minuten zu möglichst jedem Buchstaben des Alphabets ein Lebensmittel. Vergleich im PL. KL schreibt *Schmeckt's?* an. TN sprechen in der Gruppe darüber, was ihnen sehr gut / nicht schmeckt. TN öffnen KB und betrachten die Fotos, die sie in GA / im PL beschreiben. Sie stellen Vermutungen über den Ort, die Personen und die Situation an.	
1b	KL klärt, dass auf Foto D Jonas mit seiner Mutter und Oma zu sehen ist. Evtl. spielt KL das HV kurz an. Die TN versuchen herauszuhören, warum die Personen das Fotoalbum ansehen: Jonas macht in der Schule ein Projekt zum Thema Ernährung und wie sich Essen verändert hat. Es sucht Informationen und Fotos dazu. ▶ **Globales Hören:** TN ordnen die Fotos zu (1: Foto A; 2: Foto C; 3: Foto B). Vergleich im PL. TN hören noch einmal und notieren, von wann das Foto stammt, und Informationen, was es zu Essen gab. **Lösung:** z. B. Dialog 1/A: Mittagessen (früher): Suppen, Braten, Beilagen; Frauen standen den ganzen Tag in der Küche, Fleisch nur sonntags; Dialog 2/C: Frühstück: Müsli, Joghurt, Obst, Vollkornbrot; 1996, Müsli-Zeit, nur Kaffee, kein Tee, wenig Süßes, kein Ei; Dialog 3/B: Brunch mit vielen leckeren Sachen, Sven hat eingekauft, Vater hat geholfen. LANDESKUNDLICHE INFORMATION: Zu einem typischen Frühstück gibt es Kaffee, Tee, Saft, Brot, Brötchen, Marmelade, Honig, Wurst, Käse, Müsli, Joghurt, Eier. An Schul- bzw. Arbeitstagen aber gibt es eher ein kleines Frühstück. Bei einem Brunch (Mischung aus Breakfast und Lunch) kommen noch warme Speisen dazu, er wird später eingenommen als das Frühstück.	CD: Track 1.48–50
1c	KL schreibt *Frühstück, Mittagessen, Abendessen* an. TN sagen, was sie über diese Mahlzeiten wissen. TN lesen die Redemittel. GA (4–5 TN): TN sprechen über ihre Essgewohnheiten und benutzen die Redemittel. VARIANTE: TN können mit der KV entweder ein Partnerinterview machen, verschiedenen TN jeweils eine Frage stellen oder einen ▶ **Kursspaziergang:** KL gibt den TN jeweils eine Frage, die sie anderen TN stellen. ERWEITERUNG: Auslandskurse (drei Gruppen): Jede Gruppe erstellt ein Plakat zu einer Hauptmahlzeit im Heimatland. D-A-CH-Länder: TN erstellen Plakate zum Essen in ihren Heimatländern. ▶ **Miniprojekt:** TN bringen Lebensmittel ihrer Heimatländer mit oder es wird international gefrühstückt/gebruncht.	KV Plakate, Stifte, evtl. Fotos (aus Zeitschriften), Schere, Klebstoff

	Erläuterungen zum Unterricht	Materialien
2a	KL schreibt *Essgewohnheiten vor 50 Jahren und heute* an. TN lesen die Fragen und überlegen, was sich im Laufe der Zeit verändert hat. Sie erzählen von ihren Heimatländern oder überlegen, was sich in Deutschland verändert hat.	

2b	PA: Ein/e TN sucht im Text die Antwort auf Frage 1, der/die Partner/in sucht die Antwort auf Frage 2. TN berichten sich gegenseitig. KL kann den Text auch kopieren, nach dem zweiten Absatz auseinanderschneiden und an die TN verteilen, sodass die TN die Antworten der Partner nicht kennen.	evtl. Kopien des Textes
2c	TN markieren die Verben im Präsens in einer Farbe (*ist, sind, essen, kaufen, aufwärmen, essen, sind, ist, sind*) und die Verben im Präteritum in einer anderen Farbe (*war, blieben, sorgten, gab, war, kamen, aß, war, kochten, brauchte, war, hatte, kam, musste, gab, waren, aß, verbrauchte, waren*). TN diktieren dem KL die Verben im Präteritum. TN überlegen Person/Numerus (z. B. *kamen* = sie/Plural), Infinitiv und ob das Verb (un)regelmäßig ist. TN konjugieren ein regelmäßiges und ein unregelmäßiges Verb im Präteritum und markieren die Endungen. GA (3–4 TN): TN fassen die Veränderungen der Essgewohnheiten zusammen, indem sie Präsens und Präteritum benutzen.	
	ERWEITERUNG: TN wiederholen das Präteritum in ÜB 2b. ERWEITERUNG (GA, 3–4 TN): TN üben das Präteritum mit dem Memory der KV. Dazu kopiert KL für jede Gruppe die Kopiervorlage auf Karton.	KV
UND SIE?	Differenzierungsübung (PA): TN sprechen über Veränderungen ihrer Essgewohnheiten oder zwischen früher und heute. Auch als Hausaufgabe.	

	Erläuterungen zum Unterricht	Materialien
3a	TN hören die Gespräche und ergänzen die Verben im Präteritum. TN hören zur Kontrolle. Ggf. klären die TN im PL, wie die Infinitivformen heißen. **Lösung:** Oma: aßen, kochte, waren, gab, stand, backte, tranken; Mutter: bekam, aßen, wusste, veränderten, gingen, kamen, fiel weg	CD: Track 1.51–52
	ERWEITERUNG/BINNENDIFFERENZIERUNG: Zur Vertiefung machen die TN ÜB 3a, schnellere TN machen auch 3b.	
3b	PA: KL erhalten Kärtchen in zwei Farben (zwischen 10 und 15 Kärtchen; eine Farbe: Verben; andere Farbe: Nomen). Es können auch die Kärtchen der KV verwendet werden. TN legen die Kärtchen verdeckt auf den Tisch. Sie ziehen je zwei Karten und bilden einen Satz im Präteritum wie im Beispiel.	Kärtchen in zwei Farben/KV
	VARIANTE (PA/GA, 3–4): TN überlegen Sätze mit den Kärtchen und schreiben sie auf ein DIN-A3-Blatt. Nach ca. 8 bis 10 Sätzen (oder einer bestimmten Zeit) wird das Blatt an die nächste Gruppe weitergegeben. Diese korrigiert Fehler (besonders die Präteritumsformen). Die Sätze werden evtl. im PL besprochen.	DIN-A3-Blätter
3c	GA/PA: KL kopiert die Geschichte für jede Gruppe und zerschneidet sie. TN legen die Bilder in die richtige Reihenfolge und vergleichen mit dem KB. PL: TN beschreiben die Bilder im Präsens, KL schreibt die Verben an. TN suchen das Präteritum der Verben und schreiben die Geschichte im Präteritum.	Kopien der Geschichte
	ERWEITERUNG/VARIANTE (Kettengeschichte, PA/GA): Jede Gruppe sucht ein Foto aus einer Zeitschrift, das den Inhalt vorgibt, und klebt es auf das DIN-A3-Blatt. Die nächste Gruppe schreibt einen Titel, die nächste einen Satz im Präteritum usw., bis die Geschichte nach ca. zehn Sätzen zu Ende kommt.	Foto aus einer Zeitschrift, DIN-A-3-Blätter

	Erläuterungen zum Unterricht	Materialien
4a	GA (3 TN): Die TN notieren in ca. zwei Minuten Vokabeln zu einem Thema. Das Blatt wird weitergegeben, nach weiteren zwei Minuten bekommen die dritten TN das Blatt und ergänzen, was ihnen noch einfällt. Vergleich im PL.	IAW K4–1
	VARIANTE (3 Gruppen): Jede Gruppe erhält ein DIN-A3-Blatt mit einem der Themen. Die Gruppe sammelt in zwei Minuten Vokabeln, dann gibt sie das Blatt an die nächste Gruppe weiter etc. Die Blätter werden aufgehängt.	DIN-A3-Blätter
4b	KL beschreiben das Bild. TN ordnen die Sprechblasen Personen zu und überlegen in PA zwei weitere Kommentare. Evtl. überlegen die TN kleine Dialoge. Was wurde davor gesagt? Was antworten die Personen?	

4c	KL fragt nach typischen Smalltalk-Themen (z. B. für ein Essen) und schreibt sie an. TN hören das Gespräch und kreuzen die Themen an. Vergleich im PL. **Lösung:** Sport; Essen; Urlaub; Kinofilme; gesunde Ernährung INTERKULTURELLE PERSPEKTIVE: TN sprechen über Smalltalk-Themen in ihren Heimatländern und worüber man besser nicht sprechen sollte.	CD: Track 1.53
4d	GA (3–4 TN): TN überlegen, über welche Themen man in den genannten Situationen oft spricht. KL sammelt die Vorschläge an der Tafel.	
4e	KL liest mit den TN den Redemittelkasten und klärt ggf. Vokabular. GA (3–5 TN): TN wählen eine Situation aus 4d, sprechen Smalltalk-Themen an und verwenden Redemittel. Evtl. werden einige Situationen im PL vorgespielt. VARIANTE: KL schreibt die Redemittel auf Zettel und gibt dem Kurs drei Plakate mit einer Überschrift. TN ordnen die Redemittel zu, vergleichen mit dem KB, kleben die Redemittel auf das Plakat und hängen die Plakate auf. ALTERNATIVE: Eine Gruppe (4–5 TN) spielt eine Situation vor. TN haben Blätter mit den Smalltalk-Themen aus 4c. Wenn ein/e TN ein neues Thema hochhält, müssen die TN ihr Gespräch dem Thema anpassen.	Plakate, Klebstoff Blätter

	Erläuterungen zum Unterricht	**Materialien**
5a	KL liest mit den TN die Sätze, TN kreuzen an. Dann suchen sie sich eine/n Partner/in und sprechen darüber, wie das beim anderen TN ist. ERWEITERUNG: TN erstellen eine kleine ▶ **Kursstatistik:** Wie viele TN im Kurs finden das Thema Essen wichtig? Wie viele können gut kochen? usw.	
5b	TN lesen den Text. GA (3–4 TN): TN fassen den Text zusammen und vergleichen mit den Ergebnissen der Kursstatistik und ihren eigenen Angaben. INTERKULTURELLE PERSPEKTIVE: TN berichten über die Situation in ihren Heimatländern. Sind Essen / gesunde Ernährung wichtig? Gibt es Unterschiede zwischen Männern und Frauen, Erwachsenen und Kindern? Hat sich das Essverhalten zwischen den Generationen verändert? Welche Rolle spielt vegetarische/vegane Ernährung in den Heimatländern?	
5c	TN lesen den Text noch einmal und ordnen die Satzteile zu. Vergleich im PL. **Lösung:** 2. c); 3. b); 4. d); 5. a)	
5d	TN lesen die Sätze von 5c noch einmal und ergänzen den Fokuskasten. KL weist darauf hin, dass *deshalb/deswegen* (und auch *darum*) benutzt wird, wenn eine erwartete Konsequenz eintritt, *trotzdem*, wenn die Folge anders ist als erwartet. Wortstellung: Nach den Konnektoren folgt Inversion, d. h. zuerst kommt das Verb, dann das Subjekt. *Trotzdem* kann auch in die Mitte des Satzes rücken (*Es regnet. Ich gehe trotzdem schwimmen.*). ERWEITERUNG: Zur Vertiefung machen die TN ÜB 5a.	
UND SIE?	TN schreiben auf einem Blatt die Sätze mit *deshalb/deswegen* oder *trotzdem* fertig, ohne zu sagen, wer sie geschrieben hat. KL verteilt die Blätter neu. Die TN lesen die Sätze vor, die anderen raten, wer im Kurs einen Satz geschrieben hat. BINNENDIFFERENZIERUNG: Schnellere TN schreiben weitere Sätze.	Blätter

	Erläuterungen zum Unterricht	**Materialien**
6a	Bei geschlossenen KB nennen TN gesunde/ungesunde Lebensmittel. GA: TN betrachten die abgebildeten Lebensmittel und entscheiden sich für gesund oder ungesund. Vergleich im PL.	IAW K4-2
6b	TN lesen die vier Aussagen, KL klärt ggf. Vokabular. TN lesen die E-Mail und kreuzen an. Vergleich erst mit einem Partner, dann im PL. **Lösung:** 1. F; 2. F; 3. R, 4. F	
6c	TN lesen die Tipps, hören dann die Präsentation und nummerieren die Tipps. **Lösung:** 1. abwechslungsreich essen; 2. nicht viel Fleisch und Fett essen, 3. wenig Salz und Zucker nehmen; 4. fünfmal am Tag Gemüse oder Obst essen; 5. sich Zeit nehmen beim Essen	CD: Track 1.54

6d TN hören noch einmal und diskutieren die Tipps zuerst in GA, dann im PL. — CD: Track 1.54

ERWEITERUNG: TN schreiben in GA weitere Tipps. Vergleich und Diskussion im PL. TN können überlegen, was speziell in ihren Heimatländern als gesund gilt, z. B. scharfes Essen, warme Getränke bei Hitze etc.

UND SIE? TN sprechen in GA (3–5 TN) über ihre eigene Situation. TN geben sich gegenseitig Tipps, wie sie ihr Essverhalten ändern können.

ALTERNATIVE: TN schreiben Texte, in denen sie über ihre Essgewohnheiten berichten und erzählen, wo sie etwas verändern möchten. Ein/e andere/r TN beantwortet den Text, kommentiert das Essverhalten und gibt ggf. Tipps.

	Erläuterungen zum Unterricht	Materialien
7a	KL schreibt *Präsentation* an und sammelt Vorschläge, was TN hierbei wichtig erscheint. KL hören zwei Versionen eines Ausschnitts aus einer Präsentation und markieren, wie sie das Sprechtempo und die Pausen finden. TN sprechen darüber, welche Version ihnen besser erscheint und warum das so ist. **Lösung:** 1: zu schnell, monoton, ohne Pausen; 2: klar und pointiert gelesen	CD: Track 1.55–56
7b	TN hören die zweite Version noch einmal, markieren mögliche Pausen und lesen den Text dann einem/einer Partner/in vor.	CD: Track 1.56
7c	TN lesen die Redemittel und notieren, ob diese zum Anfang, zum Hauptteil oder zum Schluss einer Präsentation passen. Vergleich im PL. **Lösung:** A (Anfang): Der erste Punkt …; H (Hauptteil): Ich möchte etwas über … erzählen. Ich bin der Meinung, dass …, Ich möchte ein Beispiel nennen: …, Mein Thema ist …, Dann komme ich zum zweiten Punkt: …; S (Schluss): Zum Schluss, Abschließend möchte ich noch sagen: …	
	ERWEITERUNG: TN schreiben die Redemittel auf ein Redemittelplakat und überlegen evtl. weitere Redemittel. Das Plakat wird im Kursraum aufgehängt.	Plakat
7d	TN lesen die Tipps. Was wurde schon bei 7a erwähnt? Finden die TN noch weitere Punkte für eine gute Präsentation? Was erwartet das Publikum vom Referenten? Was erwartet der Referent vom Publikum? TN bilden zwei Gruppen. Gruppe 1 sammelt (bei großen Gruppen in Untergruppen) Informationen zum Thema *vegetarische Ernährung*, Gruppe 2 zum Thema *Fertiggerichte*. Dann bereitet jeder TN eine kurze Präsentation (zwei Minuten) vor und stellt sie einem TN der anderen Gruppe vor.	
7e	KL verweist auf die Bedeutung von Feedback – auch für die mündliche B1-Prüfung. Das Feedback bei Präsentationen soll zeigen, was gelungen ist und beibehalten werden sollte und woran die TN noch arbeiten können. Wichtig: Zuerst das Gute sagen oder dem Prinzip „Zwei Sterne, ein Minus" folgen.	
	ERWEITERUNG (GA): TN erstellen einen Regelkatalog für ein konstruktives Feedback. Eine andere Gruppe sammelt Redemittel für partnerschaftliches Feedback. Die Ergebnisse werden ausgetauscht und ergänzt. Vergleich im PL. Die TN halten die Präsentation vor Partnern, die Feedback geben.	
VORHANG AUF	KL erklärt den TN die Situation, die Sprechanlässe werden gelesen. GA (3–5 TN): Wenn KL eine gelbe Karte hochhält, planen die Gruppen ein Essen. Nach einigen Minuten hält KL eine blaue Karte hoch und die TN spielen Gespräche beim Einkaufen. Wenn KL die rote Karte hochhält, organisiert die Gruppe das Kochen und bei der grünen Karte spielt die Gruppe die Gespräche am Büfett.	Karten in den vier Grundfarben

Haltestelle B

	Erläuterungen zum Unterricht	Materialien
1a	TN sammeln im PL Feste in D-A-CH, bei denen es um Essen und Trinken geht. Sie erzählen, ob sie so ein Fest schon besucht haben und wie es Ihnen gefallen hat. Wenn die TN keine Feste kennen, kann der KL einige Feste vorstellen, z. B. http://www.apfelfest.net/; http://www.blaubeerfest.de/, http://kartoffelfest.info/, http://www.zeiler-weinfest.de/.	
1b	GA (3 TN): KL teilt den Gruppen die Texte zu. Jede Gruppe liest ihren Text und schreibt ca. drei bis fünf Fragen auf je einen Zettel und gibt die Zettel der nächsten Gruppe. Diese liest den passenden Text, beantwortet die Fragen und gibt sie zurück. Die andere Gruppe kontrolliert die Antworten.	Blätter
	VARIANTE (GA, 3 TN): Die TN lesen je einen der Texte (evtl. kopiert KL die Texte und schneidet sie auseinander) und schreiben Fragen dazu auf. Der Text wird mit den Fragen an die nächsten TN weitergegeben. Diese lesen den Text und beantworten die Fragen. Text und Fragen/Antworten werden nun an die dritte Person weitergegeben. Der/Die dritte TN korrigiert die Antworten.	Kopien der Texte
1c	TN vergleichen die drei Feste und suchen Gemeinsamkeiten.	
	ERWEITERUNG: TN informieren sich im Internet über weitere Feste, die mit Essen und Trinken zu tun haben, und stellen sie im PL vor.	
1d	TN erzählen von ähnlichen Festen aus ihren Heimatländern.	
	ERWEITERUNG: TN stellen ein Fest in einer ▶ **Minipräsentation** vor.	

	Erläuterungen zum Unterricht	Materialien
2	TN lesen den Text und die Satzanfänge. Sie schreiben einen eigenen Text ohne Namen über eine Kindheitserinnerung. KL sammelt die Texte ein und verteilt sie neu. TN lesen die Texte und suchen die Person, die den Text geschrieben hat. Dazu können sie einen ▶ **Kursspaziergang** machen und Fragen stellen, um die Verfasser der Texte herauszufinden.	

	Erläuterungen zum Unterricht	Materialien
3a	PA: TN schreiben in fünf Minuten möglichst viele Fortsetzungen der Sätze mit *obwohl* und lesen sie vor. Die anderen TN entscheiden, ob die Sätze richtig sind (= 1 Punkt). Die Gruppe mit den meisten Punkten gewinnt.	
3b	GA (3–4 TN): Die Gruppe entscheidet sich für ein Bild und notiert in einer bestimmten Zeit so viele Wörter wie möglich. Dann stellt sie ihre Wörter einer Gruppe mit dem anderen Bild vor.	
	VARIANTE: Die TN vergleichen zuerst mit Gruppen, die dasselbe Bild hatten, und stellen dann einer anderen Gruppe die Wörter vor. HINWEIS: Die Vorgehensweise ist übertragbar auf andere Wortfelder. Man kann z. B. einen Kleiderschrank nehmen für Wortschatz *Kleider* oder einen Park für Wortschatz *Freizeitaktivitäten*.	

	Erläuterungen zum Testtraining	Materialien
1	DTZ, Lesen Teil 1; telc Deutsch B1, Lesen Teil 3; Goethe/ÖSD-Zertifikat B1, Lesen Teil 3 (die Aufgabe orientiert sich an DTZ; telc: 10 Situationen, 12 Anzeigen; Goethe/ÖSD: 7 Situationen, 10 Anzeigen): KL bespricht mit den TN die Tipps, TN lösen die Aufgaben. Vergleich im PL. **Lösung:** 1E; 2–; 3A, 4G; 5D	
2a	DTZ, Sprechen Teil 1: TN lesen das Beispiel und KL bespricht mit den TN die Tipps. TN arbeiten in PA oder GA und erzählen etwas zu allen Punkten.	
2b	TN setzen (evtl. in PA) die Wörter von 2a ein. Sie kontrollieren beim Hören. **Lösung:** Familie, Arbeit/Beruf, Name, Sprachen, Geburtsort	CD: Track 1.60
2c	KL liest mit den TN die Fragen und klärt unbekannte Wörter. TN üben in PA.	

5 Jetzt verstehe ich das!

Lernziele/Sprachhandlungen

Sprechen	über Sprachenlernen sprechen*; sich nach Regeln erkundigen; Tipps zum Sprachenlernen geben; jemanden beruhigen; über Tabus und interkulturelle Unterschiede sprechen*
Hören	ein Interview über Sprachenlernen verstehen
Schreiben	einen Blog-Beitrag mit Tipps verfassen; ein Sprachprofil* erstellen
Lesen	Forumsbeiträge über Erfolgserlebnisse und Missverständnisse, Artikel über Tabus verstehen
Beruf	interkulturelle Unterschiede; Probleme in der Arbeit

Lerninhalte

Redemittel	Ein Kollege hat mich in Deutschland zum Essen eingeladen. Da … | In der Arbeit spreche ich meistens Deutsch. | Ich werde eine Sprach-App ausprobieren, weil ich gerne überall lerne. | Ich habe meine Sprachprüfung geschafft. | Tut mir leid, das habe ich nicht gewusst. | Das solltest du auch einmal probieren. | Mach dir keine Sorgen! | Mir ist Folgendes passiert: Ich war auf einer Party und …
Wortschatz	Sprachenlernen; interkulturelle Unterschiede
Grammatik	Futur mit *werden* | Konjunktiv II von *müssen* | Temporale Nebensätze mit *seit/seitdem* und *bis*
Aussprache	Intonation: Aussagesatz als Frage

	Erläuterungen zum Unterricht	Materialien
1a	TN betrachten die fünf Zeichnungen. Sie lesen die Fragen und ordnen zu. **Lösung:** 1. B; 2. E; 3. A; 4. C; 5. D	
	VARIANTE (GA, 5 TN): KL kopiert die Zeichnungen für jede Gruppe. Jede/r TN beschreibt die Situation/das Problem einer Zeichnung möglichst genau, die anderen TN überlegen, welche Frage dazu passt.	Kopien der Illustrationen
1b	TN sprechen im PL darüber, was in den Situationen problematisch sein kann.	
1c	TN hören den Dialog und nummerieren auf den Zeichnungen, in welcher Reihenfolge die kulturellen Missverständnisse angesprochen werden. Welche Situation wird nicht erwähnt? **Lösung:** 5. D; 2. E, 1. B; 4. C und 2. E werden nicht erwähnt.	CD: Track 2.02
	ERWEITERUNG: TN hören noch einmal und machen Notizen. Anschließend sammeln sie im PL, was Anton und Tanja zu jeder Situation erzählt haben. BINNENDIFFERENZIERUNG: TN machen jeweils nur zu einer Situation Notizen, vergleichen mit TN, die dieselbe Situation bearbeitet haben und tauschen sich dann mit den anderen in ▶ **Wirbelgruppen**, dann im PL aus.	
1d	GA (3–4 TN): TN sprechen über ihre Erfahrungen in ähnlichen Situationen.	
	VARIANTE: KL schreibt die fünf Fragen von 1a auf ein Blatt. TN machen ▶ **Kursspaziergang.** Sie gehen durch den Kursraum, bis KL eine der Fragen hochhält. Sie bilden Gruppen von drei bis vier TN und sprechen drei Minuten über die Frage. Die Gruppe trennt sich und die TN finden sich zu einer neuen Gruppe zusammen, wenn der KL die nächste Frage hochhält usw.	DIN-A3-Blätter

	Erläuterungen zum Unterricht	Materialien
2a	KL fragt nach der Amtssprache in den Heimatländern der TN und ob weitere Sprachen gesprochen werden. TN nennen weitere Länder, in denen mehr als eine Sprache gesprochen wird. KL schreibt die Vorschläge an die Tafel. Information: Aussprache Igbo: [igbo:], Aussprache Joruba: ['jɒrʊbə]	
2b	GA (3 TN): TN hören die Gespräche. Jede/r TN macht zu einer Person Notizen. Anschließend werden die Ergebnisse an die Gruppe weitergegeben. **Lösung:** A: in der Schule: Italienisch, mit der Oma: Italienisch, mit Mama und Papa: Deutsch, mit Freundinnen: Deutsch; B: mit Freunden in Nigeria: Yoruba oder Englisch, in der Arbeit: Englisch, beim Einkaufen und auf Ämtern: Deutsch; C: beim Fernsehen: Italienisch, in der Familie: Französisch, mit Freunden in der Schweiz: Deutsch, an der Universität: Deutsch und Englisch	CD: Track 2.03–05

2c GA (4–5 TN): TN berichten, welche Sprachen sie sprechen und wann und wo sie welche benutzen. Anschließend kurzer Vergleich im PL.

ERWEITERUNG: TN erstellen eine ▶ **Kursstatistik** darüber, welche Sprachen von wie vielen TN im Kurs gesprochen werden.

2d TN lesen den Text und kreuzen an. Vergleich mit Partnern, dann im PL.
Lösung: 1. R; 2. F; 3. F; 4. R

UND SIE? TN schreiben ein eigenes Sprachprofil wie in 2d.

ERWEITERUNG: Die Texte werden eingesammelt und neu verteilt. TN lesen die Texte vor, die anderen TN raten, wer den Text geschrieben hat.
VARIANTE: In Auslandskursen werden die Texte evtl. zu ähnlich. Die TN können auch über eine bekannte Person oder einen Phantasietext schreiben.

	Erläuterungen zum Unterricht	Materialien
3a	KL schreibt *Besser Deutsch lernen* an und verteilt Kärtchen. GA (4–5 TN): TN schreiben auf die Kärtchen, was sie selbst beim Deutschlernen ausprobiert haben und tauschen sich über ihre Erfahrungen aus. ERWEITERUNG: TN tauschen ihre Kärtchen mit einer anderen Gruppe und besprechen die Vorschläge. KL kann auch alle Kärtchen einsammeln und sie im PL thematisch ordnen und dann diskutieren lassen.	IAW K5-1 Kärtchen
3b	TN lesen die WhatsApp-Nachrichten und fassen Sofias Problem im PL zusammen. Welche Tipps (evtl. aus 3a) könnte man ihr geben?	
3c	TN hören das Interview und kreuzen an, was Frau Dr. Guber empfiehlt. **Lösung:** 2; 3; 5; 6; 7	CD: Track 2.06
3d	TN lesen Sofias E-Mail und markieren farbig, mit welchen Möglichkeiten sie in der Zukunft ihr Deutsch verbessern will. Vergleich im PL. **Lösung:** Tandempartner, verbessern lassen, Kärtchen, App, Filme, Lieder	
3e	TN markieren in der E-Mail alle Formen von *werden* in einer anderen Farbe und ergänzen die Formen von *werden* im Fokuskasten. KL erklärt, dass *werden* hier zum Ausdruck von Vorsätzen in der Zukunft benutzt wird, es steht an Position 2, der Infinitiv am Ende. **Lösung:** wird, werden; werde, wird, werden ERWEITERUNG: Zur Vertiefung machen die TN ÜB 3c.	
3f	TN schreiben in EA oder PA Sätze mit dem Verb *werden*. BINNENDIFFERENZIERUNG: Schnellere TN schreiben weitere Sätze. ERWEITERUNG: TN überlegen fünf Sätze über andere TN oder KL mit deren Vorsätzen (z. B. *Ich glaube, Juan wird am Wochenende ins Kino gehen.*). Sie gehen zu den Personen und fragen, ob die Aussagen richtig oder falsch sind.	
UND SIE?	PA: TN sprechen darüber, was sie von den Vorschlägen in 3c (nicht) ausprobieren möchten und warum. Sie können auch darüber sprechen, was sie selbst ausprobiert haben und welche Erfahrungen sie gemacht haben. ERWEITERUNG (GA): TN gestalten ein Plakat mit Tipps zum Deutschlernen.	Plakate

	Erläuterungen zum Unterricht	Materialien
4a	Die TN lesen die Texte und markieren, wo die jeweilige Person ein Erfolgserlebnis beim Deutschlernen hatte. Zusammenfassung im PL. **Lösung:** Sofiakul: mit Deutschen unterhalten; Sven: Mitreisender hat nicht gemerkt, dass er Schwede ist; Malik: Vorstellungsgespräch auf Deutsch; Ulf: hat auf Englisch Witze erzählt. VARIANTE (GA, 4 TN): TN lesen je einen Text und erklären den Inhalt.	IAW K5-2
4b	TN lesen die Texte noch einmal und kreuzen an. **Lösung:** 1. Sven; 2. Sofia; 3. Ulf; 4. Malik; 5. Sofia; 6. Malik	

4c	TN markieren in 4a Nebensätze mit *seit/seitdem* und *bis* und ergänzen den Fokuskasten. KL erklärt die Bedeutung der Konnektoren anhand der Zeichnung und klärt den Unterschied zu *seit* und *bis* als Präposition (siehe Infokasten). **Lösung:** seitdem; bis ERWEITERUNG/BINNENDIFFERENZIERUNG: TN machen ÜB 4b, schnellere TN 4c.	
4d	EA/PA: TN schreiben die Sätze zu Ende. Vergleich im PL. VARIANTE: KL legt DIN-A3-Blätter mit den Satzanfängen aus (bei großen Gruppen evtl. weitere Satzanfänge). TN gehen durch den Raum und ergänzen die Satzanfänge. Besprechung im PL. ERWEITERUNG (PA/GA; KV): TN spielen das Spiel zu *seit* und *bis*.	DIN-A3-Blätter KV, Münze, Spielfiguren
UND SIE?	GA (3–5 TN): TN sprechen über Erfolge beim Deutschlernen. TN benutzen nach Möglichkeit auch Sätze mit *seit/seitdem* und *bis*. ERWEITERUNG: TN schreiben (evtl. als Hausaufgabe) einen kleinen Text über ein Erfolgserlebnis beim Deutschlernen.	

	Erläuterungen zum Unterricht	**Materialien**
5a	KL schreibt *Arbeiten in Deutschland* an und fragt TN, ob sie schon einmal in deutschsprachigen Ländern gearbeitet haben oder Leute kennen, die das gemacht haben. Welche Erfahrungen haben sie gemacht? Welche Unterschiede zu ihren Heimatländern sind ihnen besonders aufgefallen? GA (3–5 TN): TN sprechen über die Punkte und mögliche Unterschiede zwischen D-A-C-H und ihren Heimatländern. Diskussion im PL.	
5b	TN betrachten die Bilder und beschreiben die Situation. TN sprechen im PL darüber, wie diese Situationen in ihren Heimatländern aussehen würden. ERWEITERUNG: TN bereiten kleine Rollenspiele für A–C für deutschsprachige Länder und/oder ihre Heimatländer vor. Vorspielen im PL, dann Diskussion.	
5c	TN hören das Gespräch mithilfe der Leitfragen. Vergleich im PL. **Lösung:** Bild B: Maria findet es ungewöhnlich, dass der Chef ihre Fehler so direkt und vor anderen Kollegen korrigiert.	CD: Track 2.07
5d	TN hören das Gespräch noch einmal und kreuzen die Redemittel an. **Lösung:** Kann man das hier machen …; Wie ist das in … üblich?; Ist es in Ordnung, wenn ich …? VARIANTE: KL schreibt die Redemittel auf Blätter und verteilt sie unter den TN. TN heben ihr Blatt hoch, wenn sie den Satz hören. ERWEITERUNG (PA): TN überlegen sich eine andere interkulturell schwierige Situation in der Arbeit, bei der ein ausländischer Mitarbeiter einen deutschen Kollegen um Rat fragt. Sie bereiten ein Rollenspiel vor und spielen es im PL.	CD: Track 2.07 Blätter
5e	TN hören und notieren je nach Intonation ein Fragezeichen oder einen Punkt. **Lösung:** Fragezeichen: 3.; 4.; Punkt: 2.; 5.; 6.	CD: Track 2.08
5f	TN hören die Fragen und sprechen mit. ERWEITERUNG: GA (3–4 TN): TN schreiben einfache Sätze auf Kärtchen und auf ein Blatt ein Fragezeichen und auf eines einen Punkt. Sie üben die Sätze in der eigenen Gruppe oder geben sie an eine andere Gruppe weiter. TN ziehen abwechselnd eine Karte, ein anderer TN zeigt auf Fragezeichen oder Punkt und der TN liest den Satz in der entsprechenden Intonation. HINWEIS: TN haben gelernt, dass bei Ja/Nein-Fragen das Verb an Position 1 steht. KL sollte klären, dass bei dieser Satzstellung (Verb bei Ja/Nein-Frage in Position 2) Zweifel oder Überraschung/Verwunderung ausgedrückt wird. Die Frage „Hast du Hunger?" ist neutral, während „Du hast Hunger?" Verwunderung ausdrückt, weil die Person z. B. eben etwas gegessen hat.	CD: Track 2.09 Kärtchen, Blätter
UND SIE?	GA (3–5 TN): TN wählen zwei Punkte aus 5a und sprechen darüber, wie man in ihren Heimatländern damit umgeht. Vergleich der Ergebnisse durch ▶ **Wirbelgruppen** und/oder im PL. ERWEITERUNG: Die TN schreiben in Gruppen Plakate mit zehn goldenen Regeln für das Verhalten am Arbeitsplatz in den deutschsprachigen Ländern.	 Plakate

	Erläuterungen zum Unterricht	Materialien
6a	TN lesen den Beitrag und benennen im PL Antons Problem in der Arbeit. **Lösung:** Antons Chef ist sauer, weil er gehört hat, wie Anton gesagt hat, dass er bald seine eigene Firma aufmachen würde.	
6b	TN lesen und diskutieren die Tipps.	
6c	TN lesen die Redemittel, KL klärt ggf. Vokabular. TN formulieren Tipps. VARIANTE (GA, 3–4 TN): KL schreibt die Redemittel für jede Gruppe auf Zettel. Die Gruppe ordnet sie nach „Tipps geben“ und „beruhigen“. KL weist auf die Konjugation von *müssen* im Konjunktiv hin (siehe Fokuskasten). Ein TN spielt Anton, die anderen seine Freunde. „Anton“ erklärt sein Problem, die anderen geben Ratschläge, indem sie die Redemittel verwenden. TN können auch eine ▸ **Redemitteldiskussion** machen. ERWEITERUNG: TN überlegen weitere Probleme und spielen die Situationen dazu.	Zettel evtl. Poster
6d	PA: TN wählen eine Situation und schreiben einen Forumseintrag wie in 6b. VARIANTE (GA): TN wählen ein Thema oder entscheiden sich für eine andere Situation (KL kann die Situationen der KV verwenden). TN schildern die Situation auf einem DIN-A3-Blatt und geben dieses an die nächste Gruppe weiter. Die Gruppe gibt Tipps und verwendet dabei die Redemittel. Dann gibt sie das Blatt an die nächste Gruppe weiter, die das Problem kommentiert usw., bis zwei bis drei Gruppen kommentiert haben.	KV DIN-A3-Blätter
UND SIE?	Differenzierungsaufgabe (PA): TN sprechen darüber, ob ihnen schon peinliche Situationen (Privatleben/Arbeitswelt) passiert sind und wie sie damit umgegangen sind. ALTERNATIVE: TN schreiben als Hausaufgabe einen Text über das Thema.	

	Erläuterungen zum Unterricht	Materialien
7a	KL liest mit den TN die Gesprächsthemen. TN kreuzen an, mit wem sie über diese Themen sprechen würden. PA: Die TN vergleichen mit Partnern (in Inlandskursen möglichst aus einem anderen Heimatland) ihre Ergebnisse.	
7b	TN fassen im PL zusammen, über welche Themen aus 7a gesprochen wird. **Lösung:** Alle Themen werden erwähnt. ERWEITERUNG: TN fassen anhand der Tabelle in 7a zusammen, über welche Themen man mit welchen Personen sprechen kann, z. B. über Sport mit allen, über Politik nur mit Freunden und evtl. mit Familienangehörigen etc. INTERKULTURELLE PERSPEKTIVE: TN sprechen darüber, wie es in ihren Heimatländern üblich ist. ERWEITERUNG: TN gestalten in GA Plakate mit Empfehlungen zum Smalltalk, stellen sie im PL vor und hängen sie im Kursraum auf.	Plakate
7c	TN sprechen darüber, welche Themen in ihrer Kultur üblich bzw. tabu sind, und vergleichen mit dem Artikel.	
VORHANG AUF	Differenzierungsaufgabe: TN entscheiden sich in PA für eine der drei Situationen, entwickeln gemeinsam ein Rollenspiel und spielen es im PL vor. BINNENDIFFERENZIERUNG: Schnellere TN bereiten weitere Situationen vor.	

6 Im Krankenhaus

Lernziele/Sprachhandlungen

Sprechen	einen Notfall melden*; mit dem Arzt sprechen; über einen Unfall informieren; Gefühle/Ängste/Mitgefühl ausdrücken*
Hören	Anruf beim Notarzt, Gespräch mit dem Arzt, Gespräche im Patientenzimmer verstehen
Schreiben	ein Formular im Krankenhaus ausfüllen*
Lesen	Texte über Gesundheitsberufe verstehen
Beruf	Personal im Krankenhaus; Stationen im Krankenhaus

Lerninhalte

Redemittel	Hier in der Grafstraße 7 ist ein Mann gestürzt. | Was ist denn passiert, Herr Kulagin? | Ich habe Angst vor der Operation. | Er braucht das Handy, damit man ihn immer erreicht. | Das wird schon wieder. Sie brauchen ein bisschen Geduld. | Als Altenpfleger sollte man nicht nur fit, sondern auch geduldig sein.
Wortschatz	Krankheit, Krankenhaus, Notfälle
Grammatik	Nebensätze mit *damit* oder *um ... zu* | *nicht nur ... sondern auch*
Aussprache	Zwei Buchstaben, ein Laut

	Erläuterungen zum Unterricht	Materialien
1a	KL schreibt *Krankenhaus* senkrecht an die Tafel. TN versuchen, zu jedem Buchstaben etwas zu finden, was ihnen zum Thema einfällt, z. B. *krank, Rücken, Angst* ... Dann PA: TN beschreiben abwechselnd die Fotos.	IAW K6-1
	VARIANTE (GA, 5 TN): KL kopiert die Bilder für jede Gruppe. TN beschreiben je ein Bild, die anderen sagen, um welches Bild im KB es sich handelt.	Kopien der Bilder
1b	TN hören die Gespräche und ordnen die Bilder zu. **Lösung:** A3; B5; C4; D1; E2	CD: Track 2.14–18
	VARIANTE: Wenn die TN die Variante in 1a gemacht haben, können sie die kopierten Fotos hochhalten, wenn sie die Situation erkennen.	
1c	TN lesen die Ausdrücke und KL klärt ggf. Vokabular. TN hören die Gespräche noch einmal und schreiben, zu welcher Situation der Ausdruck passt. **Lösung:** A: viel besser aussehen; Schmerzen haben; B: keinen Appetit haben; Medikamente nehmen; C: Untersuchungen machen; in der Nacht läuten; D: die Versichertenkarte; allergisch sein gegen; die Überweisung; E: die Wunde reinigen und nähen; die Verletzung; das Röntgenbild; es ist nichts gebrochen; eine Spritze geben; stürzen	CD: Track 2.14–18
	VARIANTE: TN ordnen erst zu und kontrollieren dann mit dem HV.	
1d	TN sammeln in einem ▶ **Wortigel** weitere Begriffe zu *Krankenhaus* und *Arzt*.	
	VARIANTE (GA, 3–4 TN, Wettspiel): Jede Gruppe bekommt ein Blatt und schreibt in einer vorgegebenen Zeit (z. B. drei Minuten) so viele Wörter wie möglich zum Thema Krankenhaus und Arzt auf. Für jede richtige Vokabel gibt es einen Punkt, für Vokabeln die keine andere Gruppe hat, zwei Punkte.	Blatt

	Erläuterungen zum Unterricht	Materialien
2a	Differenzierungsaufgabe: TN lesen die Ausdrücke vor, KL klärt ggf. Vokabular. GA (5 TN): Die Gruppe einigt sich, ob sie die Geschichte erzählen (schwieriger) oder schreiben (einfacher) möchte. Jede/r TN wählt ein Bild und beschreibt die Situation. Die Geschichte wird in der richtigen Reihenfolge vorgelesen.	
	ALTERNATIVE: KL gibt jeder Gruppe die einzelnen Bilder der Geschichte, die TN bringen diese in die richtige Reihenfolge und vergleichen mit dem KB.	Kopien der Bilder
2b	TN lesen die Fragen, KL klärt ggf. Vokabular. TN hören das Telefongespräch und nummerieren die Fragen. **Lösung:** 8; 1; 2; 9; 7; 4; 5; 6; 3	CD: Track 2.19

	VARIANTE (GA, 3–4 TN): KL schreibt die Fragen für jede Gruppe auf Papierstreifen. TN legen die Fragen beim Hören in die richtige Reihenfolge.	Papierstreifen
2c	TN hören noch einmal und notieren die wichtigsten Informationen. VARIANTE: KL schreibt auch die Antworten auf Papierstreifen. Die TN ordnen beim Hören die Antworten den Fragen zu. VARIANTE/BINNENDIFFERENZIERUNG: Jeweils zwei TN konzentrieren sich auf eine der Fragen und formulieren schriftlich die Antwort. Vergleich im PL.	CD: Track 2.19
2d	KL liest mit den TN den Infokasten und gibt ggf. einige Beispiele, die er/sie vorliest und nachsprechen lässt. TN lesen die Beispiele im KB und markieren, wo zwei gleiche Konsonanten aufeinandertreffen. Anschließend hören die TN.	CD: Track 2.20
2e	TN hören noch einmal und sprechen nach. ERWEITERUNG (GA): TN verfassen weitere Beispiele. Die erste Gruppe schreibt auf ein DIN-A4-Blatt ein Verb (z. B. *lesen*) und gibt es an die nächste Gruppe weiter. Diese fügt ein Wort hinzu, das mit dem ersten Buchstaben des Verbs endet (z. B. *schnell lesen*). Die dritte Gruppe schreibt dann einen Satz oder eine Frage (z. B. *Kannst du den Satz bitte ganz schnell lesen?*). HINWEIS: Bei Verschlusslauten wird aufgrund der Auslautverhärtung und der Assimilation auch nur ein Laut gesprochen, dieser kann auch abgeschwächt realisiert werden.	CD: Track 2.20 DIN-A4-Blätter
2f	PA: TN bereiten eine Situation vor und spielen Dialoge (mit Fragen aus 2b). VARIANTE: TN bereiten eine Situation schriftlich vor, üben sie ein und spielen sie frei im PL vor. BINNENDIFFERENZIERUNG: Langsamere TN spielen eine Situation, schnellere TN machen beide oder überlegen sich ggf. noch weitere Situationen. ERWEITERUNG/BINNENDIFFERENZIERUNG: Als Vorentlastung kann ÜB 2a gemacht werden, schnellere TN machen auch 2b.	

	Erläuterungen zum Unterricht	Materialien
3a	KL schreibt *Notaufnahme* an und klärt den Begriff. TN lesen die Fragen und ordnen die Antworten zu. Sie hören das Gespräch und kontrollieren. **Lösung:** 1. b); 2. g); 3. a); 4. e); 5. f); 6. c); 7. d) VARIANTE: TN schreiben zuerst freie Antworten, dann ordnen sie die vorgegebenen Antworten zu. Oder: TN hören zuerst das Gespräch, ordnen dann zu und hören noch einmal zur Kontrolle.	CD: Track 2.21
3b	KL liest mit den TN die Punkte des Formulars und klärt ggf. Vokabular. TN füllen (evtl. in PA) das Formular für Anton aus. Vergleich im PL.	
3c	TN formulieren aus den Angaben in PA Fragen. Vergleich im PL. **Lösung:** Waren Sie / Warst du schon einmal im Krankenhaus? Haben Sie / Hast du Angst vor Spritzen? Haben Sie sich / Hast du dich schon einmal bei der Arbeit verletzt? Hatten Sie / Hattest du schon mal eine Operation? Mussten Sie / Musstest du schon mal den Notarzt holen? Sind Sie / Bist du schon mal zum Hausarzt gegangen? Hatten Sie / Hattest du schon mal einen Unfall? Gehen Sie / Gehst du gern zum Zahnarzt? Sind Sie / Bist du schon mal mit dem Rettungswagen gefahren? VARIANTE (PA/GA): KL schreibt die Angaben auf Zettel (eine Angabe pro Zettel) und verteilt sie. TN formulieren die Fragen dazu, alle Fragen werden im PL gesammelt und korrigiert und an der Tafel festgehalten. Zwei TN stellen sich gegenseitig die Fragen und beantworten sie. KL weist darauf hin, dass in den deutschsprachigen Ländern Fragen zur Gesundheit auch als indiskret empfunden werden können und man daher auch immer die Möglichkeit hat, freundlich mitzuteilen, dass man diese Frage nicht beantworten möchte. Für die Übung ist es natürlich auch möglich, Phantasie-Antworten zu geben. VARIANTE/BINNENDIFFERENZIERUNG: TN benutzen für die Aufgabe die KV.	Zettel KV
UND SIE?	TN lesen die Fragen, KL klärt das Vokabular. KL erklärt, dass es sich hier um typische Fragen beim Arzt / im Krankenhaus handelt. Die TN können die Fragen schriftlich beantworten und die Antworten vom KL korrigieren lassen.	

	Erläuterungen zum Unterricht	Materialien
4a	PA: TN entscheiden, was Herr Kulagin zu seiner Frau, was zu seinem Chef sagt. **Lösung:** F: Mach dir keine Sorgen, die Operation ist gut verlaufen. Ich brauche ein paar Dinge, bitte vergiss nichts. Bitte denk auch an meinen Laptop. C: Das Krankenhaus schickt die Krankmeldung direkt an euch. Ich kann wahrscheinlich vier Wochen nicht zur Arbeit kommen. Wer hat die Sachen von der Baustelle? Sind sie bei Tanja?	
	ERWEITERUNG: TN überlegen im PL vor oder nach dem Zuordnen weitere Möglichkeiten, was er seiner Frau und seinem Chef mitteilen könnte, evtl. in zwei Gruppen: Kommentare für seine Frau, Kommentare für seinen Chef.	
4b	TN ordnen die Satzteile zu und vergleichen im PL. **Lösung:** 1. c); 2. d); 3. a); 4. b)	
4c	TN markieren in den Sätzen von 4b in Haupt- und Nebensatz die Subjekte. KL erklärt, dass man sowohl *damit* als auch *um ... zu* verwenden kann, wenn die Subjekte im Haupt- und im Nebensatz gleich sind. Sind sie verschieden, kann nur *damit* verwendet werden. TN ergänzen den Fokuskasten. **Lösung:** ... waschen zu können; ... um Filme zu sehen; ... Musik hören kann	
	ERWEITERUNG/BINNENDIFFERENZIERUNG: TN machen zur Vertiefung ÜB 4a und b, schnellere TN machen auch 4c.	
4d	EA/PA: TN schreiben die Sätze mit *damit* und/oder *um...zu*. Vergleich im PL. **Lösung:** 1. Ich brauche die Zeitung, damit ich informiert bin / ... um informiert zu sein. 2. Anton braucht sein Handy, damit seine Frau ihn immer erreicht. 3. Ich brauche meinen Laptop, damit mein Chef mir Mails schicken kann. 4. Herr Wegener braucht ein Schlafmittel, damit er besser schläft / ... um besser zu schlafen.	
	VARIANTE: KL schreibt die Sätze auf Kärtchen. GA (3–5 TN): Die TN ordnen zu und formulieren dann mündlich Haupt- und Nebensätze. Dann werden alle Möglichkeiten aufgeschrieben. Vergleich im PL.	Kärtchen
UND SIE?	Die TN schreiben eine Frage mit *Wozu ...?* auf ein Kärtchen. KL sammelt die Kärtchen ein und verteilt sie neu. TN stellen „ihre" Frage einer/m anderen TN, die/der mit *damit* oder *um ... zu* antwortet.	
	ERWEITERUNG (▶ **Kursspaziergang**): TN suchen Partner, stellen sich die Fragen und beantworten sie. Dann tauschen sie die Kärtchen.	Kärtchen
	ERWEITERUNG (▶ **Ballrunde**): TN stellen sich Fragen mit *wozu*.	Ball

	Erläuterungen zum Unterricht	Materialien
5a	KL fragt die TN, ob sie einmal im Krankenhaus waren und ob sie in einem Einzel- oder Mehrbettzimmer waren. TN überlegen Vor- und Nachteile.	
5b	TN lesen die Aufgaben und entscheiden sich beim Hören für die Lösung. **Lösung:** 1. b); 2. a); 3. b)	CD: Track 2.22
	BINNENDIFFERENZIERUNG: TN konzentrieren sich auf eine Aufgabe.	
5c	TN hören noch einmal und markieren die Ausdrücke. Vergleich im PL. **Lösung:** Ich habe Angst vor der Operation. Ich fürchte mich vor der Narkose. Das kann ich verstehen. Wie fühlen Sie sich heute? Das tut mir leid. Das wird schon.	CD: Track 2.22
	VARIANTE (GA, 4–5 TN): KL schreibt die Sätze für jede Gruppe auf Papierstreifen. TN haben die Streifen vor sich auf den Tisch und legen beim Hören die Streifen mit den Satz, den sie hören, zur Seite.	Papierstreifen
5d	KL liest mit den TN die Situationen (links) und klärt die Bedeutung. Die TN schreiben die passenden Redemittel dazu in ihr Heft oder erstellen ein Plakat.	
	VARIANTE: Wenn die TN die Variante in 5c gemacht haben, können sie die Papierstreifen auf das Plakat aufkleben.	evtl. Plakate

5e	TN beschreiben die Fotos im PL. GA (3 TN): TN spielen Gespräche zu den Situationen und verwenden dabei die Redemittel aus 5d.	
	VARIANTE/BINNENDIFFERENZIERUNG: KL kopiert die Fotos mehrfach und verteilt sie. Jeweils drei TN mit dem gleichen Bild finden sich zusammen und spielen die Szene. Ggf. kann das Gespräch auch erst schriftlich entwickelt werden. Zu jedem Bild kann eine Szene im PL vorgespielt werden.	Kopien der Fotos

	Erläuterungen zum Unterricht	Materialien
6a	KL fragt die TN, ob sie Berufe kennen, die mit Gesundheit zu tun haben, und schreibt die Vorschläge an. GA (4 TN): Jede/r TN liest einen Text und unterstreicht die wichtigen Informationen. Dann fasst er/sie ihn für die anderen TN zusammen.	IAW K6-2 Video 3
	VARIANTE: KL kopiert Fotos und Texte für jede Gruppe und zerschneidet sie. Jede/r TN bekommt einen Text, die Fotos liegen auf dem Tisch. Jede/r TN liest den Text und fasst ihn zusammen, die anderen TN wählen das Foto, das passt. ERWEITERUNG (GA): Die TN schreiben kleine Texte zu anderen Berufen aus dem Gesundheitsbereich und lesen sie vor. Die anderen raten die Berufe.	Kopien der Texte und Fotos
6b	TN lesen die Sätze und überlegen, um welchen Beruf es sich dabei handelt. **Lösung:** B1.; D2.; A3.; C4.	
	ERWEITERUNG (PA): TN schreiben weitere Sätze zu den Berufen und lesen sie vor, die anderen TN raten, um welchen der vier Berufe es sich handelt.	
6c	KL schreibt *nicht nur ... sondern auch* an und erklärt, dass mit den Konnektoren ausgedrückt wird, dass zwei Sachen zutreffen. TN lesen die Texte von 6a noch einmal und markieren die Sätze, in denen *nicht nur ... sondern auch* vorkommt. Anschließend ergänzen sie den Fokuskasten. **Lösung:** nicht nur; sondern auch psychisch stabil sein	
6d	PA: TN schreiben die Sätze mit *nicht nur ..., sondern auch.* **Lösung:** 2. Physiotherapeuten arbeiten nicht nur in Kliniken, sondern auch in Privatpraxen. 3. Eine Altenpflegerin sollte nicht nur hilfsbereit, sondern auch zuverlässig sein. 4. Sie hilft alten Leuten nicht nur beim Essen, sondern auch bei der Körperpflege.	
	ERWEITERUNG (GA, 3–4 TN): TN schreiben Sätze mit *und* auf Kärtchen und geben sie an die nächste Gruppe, die Sätze mit *nicht nur ..., sondern auch* formuliert.	Kärtchen

	Erläuterungen zum Unterricht	Materialien
7a	KL liest mit den TN den Krankenhausplan und klärt die Begriffe.	
	VARIANTE: TN ordnen die Bilder der KV den Wörtern zu und vergleichen mit dem KB. TN sprechen über die Stationen und mögliche Erfahrungen.	KV
7b	TN lesen die Sprechblasen vor, KL klärt ggf. Vokabular. TN ordnen sie zu. **Lösung:** 1A; 2I; 3D; 4F; 5J; 6H; 7G; 8B; 9E; 10C	
7c	PA: TN wählen in dieser Differenzierungsaufgabe, ob sie zu einer der Sprechblasen einen Dialog entwickeln und ihn im PL vorspielen (schwieriger). Die anderen TN können raten, in welcher Abteilung die Situation spielt. Oder sie schreiben zu jeder Station eine weitere Sprechblase (einfacher). Die Sprechblasen können auf Zettel geschrieben und eingesammelt werden. KL teilt die Zettel neu aus und die TN raten, in welcher Station das gesagt wird.	Zettel
VORHANG AUF	TN entscheiden sich in PA für einige der Situationen, entwickeln gemeinsam kleine Rollenspiele und spielen sie ggf. im PL vor.	
	BINNENDIFFERENZIERUNG: Schnellere TN bereiten mehrere, langsamere TN nur eine oder zwei Situationen vor.	

Haltestelle C

	Erläuterungen zum Unterricht	Materialien
1a	KL schreibt *angestellt/selbstständig* an. PA: TN überlegen, was wozu passt. **Lösung:** angestellt: sicheres Einkommen, fester Vertrag, bezahlte Urlaubstage, soziale Absicherung; beide: mit Kollegen zusammenarbeiten; selbstständig: keinen Chef haben, keine festen Arbeitszeiten, ein Büro mieten, oft zu Hause arbeiten, für den eigenen Erfolg verantwortlich sein; Werbung machen	
1b	TN lesen den Text und sprechen im PL über die Frage. **Lösung:** Nur Angestellte haben einen Betriebsrat.	
1c	TN hören das Gespräch und kreuzen an. **Lösung:** 1. F; 2. F; 3. F; 4. R; 5. R; 6. R	CD:Track 2.28
1d	TN hören noch einmal und notieren die Vor- und Nachteile. **Lösung:** Selbstständige bekommen nur Geld, wenn sie arbeiten, müssen sich um Arbeit kümmern; Angestellte haben ein festes Einkommen, Urlaub etc.	CD:Track 2.28
1e	GA (3–4 TN): TN besprechen, ob sie lieber selbstständig oder angestellt wären, und begründen ihre Entscheidung (Verwendung der Punkte von 1a).	

	Erläuterungen zum Unterricht	Materialien
2a	KL schreibt *Körper* und *Krankheit* an. GA (3 TN): TN markieren Wörter zu *Körper* in einer, zu *Krankheit* in einer anderen Farbe und notieren den Artikel. ERWEITERUNG: TN sammeln vor der Übung mit geschlossenem KB Wörter zum Thema *Körper* und *Krankheit*. KL schreibt die Vorschläge an die Tafel.	
2b	TN vergleichen, jede Zuordnung und jeder korrekte Artikel gibt einen Punkt.	
2c	Buchstaben raten in GA (3–5 TN): TN lesen die Regeln und KL klärt, wenn etwas nicht verstanden wurde. Ggf. werden einige Beispiele im PL gemacht.	
2d	Zwei Gruppen mit je drei TN spielen gegeneinander. Ein/e TN zieht einen Zettel. Beide Gruppen schreiben möglichst viele Wörter mit dieser Buchstabenzahl. Für jedes richtige Wort bekommt die Gruppe einen Punkt.	

	Erläuterungen zum Unterricht	Materialien
3a	KL wiederholt entsprechende Redemittel. PA: TN lesen abwechselnd die Aussagen, der/die Partner/in widerspricht und korrigiert.	
3b	TN schreiben die Aussagen wie im Beispiel und lesen sie einem/r anderen TN vor, der/die widerspricht und korrigiert. Auch als ▶ **Kursspaziergang**.	

	Erläuterungen zum Testtraining	Materialien
1	DTZ, Hören Teil 3; Goethe/ÖSD-Zertifikat B1, Hören Teil 1 (Goethe/ÖSD: monologische Anweisungen/Durchsagen, nicht Gesprächssituationen): KL bespricht mit den TN die Tipps. TN lösen die Aufgaben. Vergleich im PL. **Lösung:** 1f; 2b; 3f; 4a; 5r; 6c; 7f; 8a	CD:Track 2.29
2	telc Deutsch B1, Sprechen Teil 1: TN lesen Aufgabe und Tipps. PA: TN sprechen über die Fragen. Ggf. können sie weitere Fragen stellen.	
3a	DTZ, Sprechen Teil 2: KL erklärt die Prüfungsaufgabe. TN lesen die Redemittel. PA: TN beschreiben gegenseitig mithilfe der Redemittel ihr Foto.	
3b	PA: TN sprechen ca. drei Minuten über das Thema.	
3c	KL verteilt Fotos zu anderen Themen. Ggf. können die TN vorher Themen im PL sammeln und passende Fotos in Zeitschriften oder im Internet suchen. TN sprechen in PA erst über die Fotos und dann über das Thema.	Fotos

7 Alles für die Umwelt

Lernziele/Sprachhandlungen

Sprechen	über Energiesparen diskutieren; zustimmen*; widersprechen*; abwägen; Umwelttipps geben; jemanden überzeugen; Zweifel äußern und entkräften
Hören	ein Interview mit einem Biobauern verstehen
Schreiben	einen Kommentar schreiben
Lesen	Tipps zum Energiesparen, einen Artikel über einen Markt, Infotexte über Umweltaktionen verstehen
Beruf	Freiwilliges ökologisches Jahr

Lerninhalte

Redemittel	Wir heizen im Winter nicht viel. | Da hast du recht. | Ich sehe das anders. | Das stimmt zum Teil, aber … | Es ist sinnvoll, etwas für die Umwelt zu tun. | Warum soll ich da mitmachen? | Irgendjemand muss doch mal anfangen.
Wortschatz	Energiesparen, Umweltschutz
Grammatik	Passiv
Aussprache	*sch* oder *s*

	Erläuterungen zum Unterricht	Materialien
1a	KL zeigt die Fotos. TN lesen die Ausdrücke, KL klärt ggf. Vokabular. Die TN ordnen im PL zu. TN beschreiben, was sie auf den Fotos sehen. **Lösung:** Foto A: Altglas, Müll trennen, Pfandflaschen sortieren; Foto B: mit dem Fahrrad einkaufen; Foto C: Einkaufskorb, Plastiktüten vermeiden; Foto D: Licht ausschalten; Energie sparen; Foto E: Kochtopf, Deckel benutzen	
	VARIANTE (GA): KL kopiert die Fotos groß für jede Gruppe und schreibt die Vokabeln auf Zettel. TN kleben die Zettel zu den passenden Fotos. Die Bilder werden im Kursraum aufgehängt und die Fotos beschrieben.	Farbkopien, Zettel, Klebstoff
1b	TN besprechen, was die Fotos mit Energiesparen und Umweltschutz zu tun haben.	
	VARIANTE (GA): KL kopiert die Fotos so oft, dass jeder TN eines erhält. TN mit den gleichen Fotos bilden eine Gruppe. Die TN diskutieren über die Themen und machen Notizen. Dann ▶ **Wirbelgruppen** und Austausch im PL.	Kopien der Fotos
1c	TN hören die Gespräche und ordnen zu, zu welchem Foto sie passen. **Lösung:** A5, B1, C4, D3, E2	CD: Track 2.30–34
	ERWEITERUNG: TN hören noch einmal und machen Notizen. Vergleich im PL. PA: TN spielen die Situationen nach.	
1d	TN besprechen in GA, was sie zu Hause machen, um Energie zu sparen, und was ihnen noch zum Energiesparen einfällt. Vergleich im PL.	
	INTERKULTURELLE PERSPEKTIVE: TN sprechen darüber, ob Umweltschutz und Energiesparen in ihren Heimatländern Themen sind oder nicht.	Plakate

	Erläuterungen zum Unterricht	Materialien
2a	TN beschreiben das Foto und überlegen, was auf dem Papier stehen könnte, das Herr Wächter in der Hand hält. TN hören das Gespräch und geben im PL wieder, um welches Problem es sich tatsächlich handelt. **Lösung:** Familie Wächter muss 400 Euro Strom nachzahlen.	CD: Track 2.35
	ERWEITERUNG: TN hören noch einmal und versuchen weitere Informationen zu verstehen. Austausch im PL.	
2b	TN benennen die Gegenstände, die abgebildet sind. Sie lesen die Tipps und ordnen sie (ggf. in PA) zu. Sie verwenden bei Bedarf ein Wörterbuch. **Lösung:** A6; B7; C3; D2; E4; F1; G8; H5	Wörterbuch
	VARIANTE GA (3–4 TN): KL kopiert die Bilder für jede Gruppe. TN legen oder kleben die Bilder zu den passenden Tipps.	Kärtchen, evtl. Klebstoff

2c	GA (3–5 TN): TN sprechen über die Energiespartipps und diskutieren, welche sie sinnvoll finden und welche nicht und warum.	
	ERWEITERUNG: TN sprechen darüber, ob sie die Tipps anwenden oder nicht und warum.	
2d	TN hören und notieren, über welche fünf Tipps Familie Wächter spricht. **Lösung:** Tipps 3; 1; 4; 8; 5	CD: Track 2.36
2e	TN hören ggf. noch einmal und notieren, für welche Tipps Familie Wächter sich entscheidet und warum. Vergleich erst in PA, dann im PL. **Lösung:** Tipp 1: Andreas badet nur noch einmal pro Woche und geht stattdessen öfter ins Schwimmbad. Tipp 4: Familie Wächter stellt ihren Kühlschrank um, damit er nicht so in der Sonne steht. Tipp 5: Lena wäscht jetzt mit Sparprogramm, weil die Vorwäsche nicht notwendig ist. Tipp 8: Familie Wächter macht das Licht aus, wenn sie aus einem Zimmer geht.	ggf. CD: Track 2.36
	BINNENDIFFERENZIERUNG: TN konzentrieren sich nur auf einen der Tipps von 2d und machen Notizen dazu. Vergleich im PL. ERWEITERUNG: TN informieren sich, wie man Strom sparen kann, und stellen diese Ideen dann im PL vor. Ideen findet man z. B. auf http://energiewende.baden-wuerttemberg.de/de/e-und-ich/im-haushalt/energiespartipps/.	Internet

	Erläuterungen zum Unterricht	Materialien
3a	KL klärt die Ausdrücke *zustimmen*, *widersprechen* und *abwägen*. TN lesen die Redemittel. TN hören noch einmal und kreuzen an. **Lösung:** Das sehe ich auch so. Stimmt. Ich sehe das anders. Das ist nicht so. Das stimmt zum Teil, aber ...	CD: Track 2.36 IAW K7–1
	ERWEITERUNG: KL schreibt die Redemittel auf DIN-A4-Blätter und verteilt diese. TN ordnen gemeinsam nach *zustimmen*, *widersprechen* und *abwägen* und vergleichen mit dem KB. Anschließend hören sie das Gespräch. VARIANTE: TN erhalten je ein Redemittel auf einem Blatt, hören das Gespräch und halten ihr Blatt hoch, wenn sie ihren Ausdruck hören.	DIN-A4-Blätter
3b	Der Infokasten zur Aussprache wird gelesen. KL nennt ggf. einige Beispiele oder lässt die TN Beispiele nennen. TN hören die Wörter und kreuzen an. **Lösung:** 1. s; 2. sch; 3. s; 4. sch; 5. sch; 6. s; 7. sch; 8. s	CD: Track 2.37
	VARIANTE: TN überlegen zuerst in PA, ob die Wörter mit *s* oder *sch* gesprochen werden, und korrigieren anschließend mit dem HV.	
3c	TN hören die Sätze und sprechen nach.	CD: Track 2.38
	ERWEITERUNG: TN schreiben auf eine Karte einen Satz, der möglichst viele *s*- und *sch*-Laute enthält und machen einen ▶ **Kursspaziergang**.	
3d	PA: Die TN entscheiden, wer für und wer gegen das Verbot von alten Elektrogeräten ist. KL kopiert die Argumente und schneidet sie auseinander. TN lesen „ihre" Argumente, diskutieren und benutzen die Redemittel aus 3a.	Kopien
	ERWEITERUNG (GA): KL gibt jeder Gruppe die Argumente auf Kärtchen, die TN überlegen, welche Argumente für das Verbot und welche dagegen sind.	Kärtchen
	VARIANTE (zwei Gruppen): Eine Gruppe überlegt in ca. fünf Minuten Argumente für das Verbot von alten Elektrogeräten, die andere Argumente dagegen. Dann bekommen die Gruppen eine Kopie der Argumente aus dem KB. Kurzer Vergleich mit den eigenen Ideen. Jeweils zwei bis drei TN aus jeder Gruppe finden sich in einer neuen Gruppe zusammen und diskutieren.	Kopien
	VARIANTE: TN schreiben die Redemittel von 3a auf Zettel für eine ▶ **Redemitteldiskussion**.	Zettel
UND SIE?	KL schreibt jeden der Vorschläge zum Umweltschutz auf ein DIN-A3-Papier. Die TN machen einen ▶ **stillen Dialog:** Sie reagieren schriftlich auf den Vorschlag und benutzen die Redemittel von 3a. Dann gehen sie zum nächsten Vorschlag. KL weist darauf hin, dass die TN auch auf die Kommentare der anderen TN reagieren sollen, sodass eine Art „Gespräch" entsteht.	DIN-A3-Blätter
	ERWEITERUNG: KL zeigt den TN die vier Vorschläge zum Umweltschutz auf DIN-A3-Blättern. GA (2–4 TN): Jede Gruppe überlegt sich einen weiteren Vorschlag und schreibt ihn auf ein DIN-A3-Blatt. Dann weiter wie oben.	DIN-A3-Blätter

	Erläuterungen zum Unterricht	Materialien
4a	KL schreibt *Bauernhof* an. GA (3–4 TN): TN sammeln ca. fünf Minuten lang Wörter zum Thema, ggf. mit Wörterbuch. Jeweils zwei Gruppen vergleichen ihre Wörter und erklären, was der anderen Gruppe nicht klar ist.	IAW K7–2 Wörterbuch
	VARIANTE (GA): KL schreibt Vokabular zum Thema Bauernhof auf Kärtchen und verteilt sie an die Gruppen. TN schreiben Definitionen zu den Vokabeln, ggf. mithilfe eines Wörterbuchs. Dann werden die Kärtchen an eine andere Gruppe weitergegeben und diese ordnet zu. Vergleich im PL.	Kärtchen
4b	KL fragt TN, ob sie etwas über ökologische Landwirtschaft wissen und was sie sich unter einem Biobauern vorstellen. TN lesen die Aussagen, KL klärt ggf. Vokabular. TN hören das Interview und kreuzen an. **Lösung:** 1. F; 2. F; 3. R; 4. R; 5. R	CD: Track 2.39
4c	TN lesen die Fragen, dann den Artikel und beantworten die Fragen. **Lösung:** 1. von den Bauernhöfen der Gegend; 2. am Freitag; 3. ab 7 Uhr; 4. jeden Samstag	
4d	TN suchen in 4c die Sätze, ergänzen die Form von *werden* im Fokuskasten und markieren die Partizipien. KL erklärt das Passiv und schreibt an: *Bauer Schomer baut die Früchte an. / Die Früchte werden angebaut.* Unterschiede: Bei Satz 1 ist wichtig, wer etwas macht (= typisch für Aktiv); bei Satz 2 ist die Handlung wichtig (= typisch für Passiv). Bildung von Passiv-Sätzen: Die konjugierte Form von *werden* steht in Position 2, Partizip II am Satzende. **Lösung:** werden, wird	
4e	Im PL wird geklärt, wie die Partizipien heißen. PA: TN schreiben die Sätze. **Lösung:** 2. Früh am Morgen werden die Stände aufgebaut. 3. Im Winter werden keine Erdbeeren angeboten. 4. Die Kunden werden intensiv beraten. 5. Hier werden tolle Tipps gegeben.	
	ERWEITERUNG/BINNENDIFFERENZIERUNG: TN machen zur Vertiefung im ÜB 4b und 4c, schnellere TN auch 4d. GA: TN formulieren ein einfaches Rezept im Passiv, das sie auf ein DIN-A3-Blatt schreiben und vorstellen. ERWEITERUNG (GA, 3–5 TN): TN spielen ▸ **Schwarzer Peter**. KL kopiert die KV für jede Gruppe auf Karton und erklärt die Spielregeln.	KV

	Erläuterungen zum Unterricht	Materialien
5a	TN lesen die Tipps des Projekts und formulieren sie im Imperativ (evtl. kurze Wiederholung der Imperativformen). TN können das Wörterbuch verwenden. **Lösung:** A: Wirf alte Handys nicht in den Restmüll. B: Kaufe recycelte Produkte. C: Benutze ökologische Suchmaschinen. E: Kaufe heimische Produkte.	Wörterbuch
	ALTERNATIVE (GA, 3–5 TN): KL kopiert das Plakat für jede Gruppe und schneidet Bilder und Texte auseinander. Die TN ordnen Bilder und Texte zu und kleben sie auf ein eigenes Plakat. Zu jedem Text schreiben sie noch ein bis zwei Tipps im Imperativ und arbeiten weitere Ideen aus. Bei schwächeren Gruppen kann KL Tipps auf Papierstreifen vorgeben, die zugeordnet werden.	Kopien, Plakate, Klebstoff, Papierstreifen
5b	KL wiederholt mit den TN die Möglichkeiten, um Tipps zu geben (*Man sollte, ich würde, du könntest …*). TN schreiben Sätze wie im Beispiel.	
UND SIE?	GA (3–5 TN): TN besprechen die Tipps von 5a und 5b und überlegen sich einige Beispiele, in denen sie nicht besonders umweltfreundlich handeln. Die anderen TN geben Ratschläge, was man in Zukunft besser machen kann.	
	ERWEITERUNG: TN bekommen ein (oder mehrere) Kärtchen, auf das sie einen Vorsatz für die Zukunft schreiben, z. B. *Ich werde in Zukunft versuchen, weniger Plastiktüten zu benutzen.* Die Kärtchen werden vorgestellt. ERWEITERUNG/INTERKULTURELLE PERSPEKTIVE: TN berichten, wie man in ihren Heimatländern zu den Tipps von 5a/b steht. Ist Recycling ein Thema? Wie wird der Kauf von Second-Hand-Artikeln gesehen? Trennt man den Müll? ERWEITERUNG: TN spielen Rasender Reporter mit der KV. Sie gehen umher, fragen sich gegenseitig und notieren den Namen. Austausch im PL.	Kärtchen KV

	Erläuterungen zum Unterricht	Materialien
6a	GA (3 TN): TN lesen die Aufgabe und einen der Texte und stellen ihn vor.	
6b	TN hören Dialoge. Gruppe A notiert Argumente für die Aktionen, B Argumente dagegen. TN aus Gruppen A und B finden sich zusammen und tauschen sich über die Argumente aus.	CD: Track 2.40–42
6c	TN lesen die Redemittel, KL klärt ggf. Vokabular.	
	ERWEITERUNG (GA, 3–4 TN): KL schreibt Redemittel für jede Gruppe auf Streifen. TN ordnen nach den Themen und vergleichen mit dem Kursbuch. ERWEITERUNG (PA): TN einigen sich auf eine Aktion und spielen einen Dialog, in dem ein/e TN dafür ist und der/die andere Zweifel hat. ERWEITERUNG: Die TN können eine ▶ **Redemitteldiskussion** machen. ERWEITERUNG (GA): TN suchen im Internet interessante Umweltaktionen (in der Kursstadt, einer anderen Stadt) und stellen sie vor, oder sie denken sich selbst eine Aktion aus und gestalten ein Werbeplakat dazu.	Papierstreifen Plakate
UND SIE?	Differenzierungsaufgabe: TN wählen in PA, ob sie den/die Partner/in von Mülltrennung oder von einer anderen Umweltaktion überzeugen wollen und spielen die Situation.	

	Erläuterungen zum Unterricht	Materialien
7a	TN lesen den Absatz und fassen im PL zusammen, was ein FÖJ ist. **Lösung:** Ein FÖJ ist ein Freiwilliges ökologisches Jahr. Eine Person arbeitet ein Jahr freiwillig in einem Umweltprojekt mit, bekommt dafür ein Taschengeld, wird versichert und kann Seminare besuchen.	
	INFORMATION: Das FÖJ ist ein Angebot für Jugendliche zwischen 16 und 27 Jahren. Es wird von Jugendorganisationen und Umweltverbänden unterstützt und dauert zwischen 6 und 12 Monaten. Einsatzbereiche sind u. a. die Land- und Forstwirtschaft, Umwelt- und Naturschutzzentren. Vgl. https://www.foej.de/. Eine andere Variante ist das FSJ (das Freiwillige Soziale Jahr) mit Einsatz im sozialen Bereich wie Kindergärten, Altersheimen etc.	
7b	TN lesen den Text und ordnen die grünen Ausdrücke den Bildern zu. **Lösung:** A Wald; B Boden; C Holz hacken; D Feuer; E Gift; F Luft; G Spuren; H Pflanzen; I Muskeln; J Wissenschaftler; K Mücken.	
	VARIANTE (GA, 3–4 TN): KL schreibt für jede Gruppe die grünen Vokabeln auf Kärtchen und kopiert die Bilder. TN ordnen Bild und Vokabel zu. Jede Gruppe bekommt den Text ohne die grünen Vokabeln (z. B. schwärzen). TN ordnen zu. ERWEITERUNG (GA): TN üben die Vokabeln. Ein TN definiert ein Wort oder macht ▶ **Pantomime**, die anderen raten, um welchen Begriff es sich handelt.	Kärtchen, Kopien, präparierter Text
7c	TN lesen den Text noch einmal und markieren in zwei Farben die positiven und die negativen Erfahrungen. Vergleich in PA.	
	VARIANTE: Ein TN konzentriert sich auf die positiven Aspekte, der andere auf die negativen Aspekte des Textes.	
7d	TN schreiben (evtl. als Hausaufgabe) einen Kommentar zum Blog.	
	ERWEITERUNG (GA): TN sehen sich die Internetseite (vgl. 7a) an und sprechen darüber, welche Angebote sie interessant finden. Diskussion im PL, wie man die Initiative findet, welche Vor- und Nachteile es hat, ein FÖJ zu machen, ob die TN sich das für sich vorstellen könnten, und wenn ja, in welchem Gebiet.	
VORHANG AUF	Zwei Gruppen: Jede Gruppe übernimmt eines der beiden Themen und entwickelt Fragen dazu. Dann arbeiten je ein TN aus jeder Gruppe zusammen, die TN stellen sich ihre Fragen und beantworten die Fragen der Partner.	

8 Kultur an der Ruhr

Lernziele/Sprachhandlungen

Sprechen	gemeinsam etwas planen; sich über Interessen austauschen; über kulturelle Angebote sprechen; von interessanten Ereignissen erzählen*; Begeisterung/Enttäuschung ausdrücken*
Hören	Gespräche über kulturelle Veranstaltungen verstehen
Schreiben	eine Einladung mit Vorschlägen verfassen
Lesen	einen Skype-Chat, eine Postkarte, einen Zeitungsartikel über einen Kiosk verstehen
Beruf	Kioskbesitzer

Lerninhalte

Redemittel	Ich gehe gerne in Parks. | Wofür interessierst du dich? | Hast du vielleicht Lust auf ...? | Das Musical hat mir wirklich gut gefallen. | Der Film war ziemlich enttäuschend.
Wortschatz	Kultur, kulturelle Veranstaltungen
Grammatik	Fragewörter *wo(r)...* und Pronominaladverbien *da(r)...* | Frage nach Personen bei Verben mit Präpositionen
Aussprache	Aussagen verstärken

	Erläuterungen zum Unterricht	Materialien
1a	KL zeigt die Fotos und Texte, TN sehen sich alles ca. drei Minuten an. Dann fragt KL, was Frau Wilhelm und Frau Nowak passiert ist (haben Preis in Fotowettbewerb gewonnen) und was der Preis war (ein Wochenende im Ruhrgebiet mit Musicalbesuch). KL fragt, wo das Ruhrgebiet liegt und welche Städte es da gibt (ggf. auch auf einer Deutschlandkarte zeigen). TN überlegen, was typisch für die Region ist (Industrie, Kohleabbau). Sie berichten, ob sie schon im Ruhrgebiet waren und was man dort machen kann. HINWEIS: Informationen z. B. unter http://www.metropoleruhr.de/	
1b	TN hören das Gespräch und notieren die Antworten. Vergleich in PA, dann im PL. **Lösung:** 1. Freitag; 23.6. 2. Bochum; 3. Verwandten; 4. Starlight Express VARIANTE/BINNENDIFFERENZIERUNG: TN konzentrieren sich auf eine Frage.	CD: Track 2.47

	Erläuterungen zum Unterricht	Materialien
2a	TN überlegen, was sie interessiert, wenn sie als Touristen in einer Stadt sind. GA (3–4 TN): TN diskutieren. Evtl. gibt KL Punkte vor (Museen und andere Sehenswürdigkeiten, Restaurants, Sportmöglichkeiten etc.). Austausch im PL.	
2b	TN lesen den Austausch zwischen Elke Wilhelm und Dana Nowak und ordnen zu, wer was vorschlägt. **Lösung:** Elke Wilhelm: Radtour; Lange Nacht der Industriekultur; Zeche Zollverein, Bergbaumuseum; Dana Nowak: Skihalle; Disco ERWEITERUNG: KL gibt Informationen und zeigt Fotos zu den Vorschlägen. INFORMATION: Der Ruhrtalradweg führt 230 km durch Nordrhein-Westfalen, vgl. http://www.ruhrtalradweg.de/. Informationen über die Skihalle in Bottrop: http://www.alpincenter.com/bottrop/de/. Die Zeche Zollverein ist UNESCO-Weltkulturerbe und ehemals die größte Steinkohlenzeche der Welt. Heute ist sie ein Industriedenkmal und ein Kulturstandort mit Museen, Cafés und einem Schwimmbad, vgl. https://www.zollverein.de/. Das Bergbaumuseum in Bochum ist das größte Museum dieser Art der Welt, es ist Forschungsinstitut und Dokumentationszentrum, vgl. http://www.bergbaumuseum.de/de/. Die lange Nacht der Industriekultur ist ein Kulturfest im Ruhrgebiet. Die Orte sind durch Busse, Straßenbahnen, Schiffe und Fahrräder zu erreichen, vgl. http://www.extraschicht.de/home/. ERWEITERUNG (GA): Die TN wählen einen Vorschlag aus, informieren sich im Internet und stellen ihre Ergebnisse im PL vor. Ggf. können sie auch Plakate zu den Sehenswürdigkeiten gestalten.	Internet, Plakate, Stifte, Klebstoff, Schere

2c TN markieren die Sätze im Text und ergänzen die Sätze in 2c. Vergleich im PL.
Lösung: ... auf unser Wochenende; ... auf einen Tag im Schnee; ... von einer Radtour; ... über die Energieverschwendung; ... vor Verletzungen; ... für die Lange Nacht der Industriekultur

ERWEITERUNG: TN markieren im Text die Verben rot, die Präpositionen grün, die Objekte mit Akkusativ blau und die Objekte mit Dativ gelb. — Farbstifte

2d KL erstellt mit den TN eine Liste an der Tafel, in der die Verben aus 2c nach Akkusativ und Dativ geordnet werden. KL weist darauf hin, dass es empfehlenswert ist, die Verben mit festen Präpositionen zusammen mit dem Kasus und mit einem Beispielsatz zu lernen (siehe Hinweiskasten). Dazu eignen sich z. B. auch Lernkärtchen.
Lösung: mit Akkusativ: sich freuen auf, Lust haben auf, sich ärgern über, sich interessieren für; mit Dativ: halten von, Angst haben vor

ERWEITERUNG (GA, 3–5 TN): TN schreiben für jedes Verb einen Beispielsatz und vergleichen mit einer anderen Gruppe.
ERWEITERUNG: Zur Vertiefung machen die TN ÜB 3a.

2e TN machen eine ▶ **Kettenübung** wie im Beispiel. Statt unterschiedlicher Verben kann jeweils eine Runde mit einem Verb gemacht werden, damit sich die Struktur einprägt (leichtere Variante). Bei großen Gruppen kann der KL nach einigen Wiederholungen das Verb wechseln.

VARIANTE: Statt einer Kettenübung machen die TN eine ▶ **Ballrunde**. — Ball
ALTERNATIVE: KL gibt jedem/r TN Blatt Papier. TN schreibt einen Satz und eine Frage wie im Beispiel (z. B.: *Ich interessiere mich für Sport, und du?*). Die Blätter werden weitergegeben, TN beantworten die Fragen (z. B. *Ja, ich interessiere mich für Tennis.*), schreiben eine neue Frage (*Hast du Lust auf Kino heute Abend?*), geben das Blatt weiter usw. Die Sätze werden vorgelesen. — Blätter

	Erläuterungen zum Unterricht	Materialien
3a	TN betrachten das Foto und hören das Gespräch. PA: Ein/e TN konzentriert sich auf die Pläne für Samstag, der/die andere auf die für Sonntag. Austausch in PA. **Lösung:** Samstag: Zeche Zollverein, Lange Nacht der Industriekultur, Disco; Sonntag: Lange schlafen, schön frühstücken, Verwandtenbesuch	CD: Track 2.48
	VARIANTE (GA, 3–4 TN): KL schreibt für jede Gruppe die Pläne auf Zettel. Die TN ordnen sie beim Hören.	Zettel mit Plänen
3b	Zwei TN lesen den Dialog vor. KL fragt nach den Verben mit fester Präposition (*sich interessieren für / Lust haben auf*). TN ergänzen die Tabelle. KL erklärt, dass das Fragewort bei Verben mit festen Präpositionen aus *wo-* und der Präposition gebildet wird (*womit*), wenn bei der Antwort das Nomen durch ein Pronominaladverb ersetzt wird, bildet man dieses mit *da-* und der Präposition (*damit*). Bei Präpositionen, die mit Vokal/Umlaut beginnen, wird ein *r* vor die Präposition gesetzt (*woraus, worüber, daraus, darüber*). **Lösung:** für; Worauf ...; Darauf	
3c	PA: TN ergänzen die Lücken und sprechen die Dialoge mit dem/der Partner/in. **Lösung:** 1. Auf, darauf; 2. Worüber, über, darüber; 3. Woran, an, daran	
	ERWEITERUNG: Zur Vertiefung machen die TN ÜB 3c ERWEITERUNG: Die Verben mit festen Präpositionen, die die TN aus A2 kennen, werden wiederholt (evtl. mit der KV zu Kapitel 9, Aufgabe 4e aus dem LHB A2). Anschließend schreiben TN weitere Dialoge wie oben.	
UND SIE?	TN notieren drei Dinge, die sie unternehmen möchten, und suchen sich jeweils eine/n Partner/in dafür. Dabei verwenden sie möglichst auch Strukturen mit *sich interessieren für* und *Lust haben auf* wie in den Beispielen.	
	ERWEITERUNG: TN erhalten Veranstaltungsprogramme des Kursortes oder informieren sich im Internet. Sie notieren drei Dinge, die sie unternehmen möchten, dann weiter wie oben.	Veranstaltungs-programme, Internet

	Erläuterungen zum Unterricht	Materialien
4a	KL lesen die beiden Texte und fassen im PL zusammen, über welche Freizeitangebote gesprochen wird (Musical, Lange Nacht der Industriekultur, Disco, Zeche Zollverein). Danach fragt KL die TN, wie Dana und Elke das Musical und die Zeche Zollverein gefallen haben und warum.	
4b	TN lesen noch einmal und markieren die Ausdrücke, die Gefallen und Nichtgefallen ausdrücken. KL schreibt die Ausdrücke an die Tafel. **Lösung:** sehr gut; ganz super; überhaupt nicht spannend, ziemlich enttäuschend; wirklich faszinierend; total faszinierend; besonders toll; unglaublich interessant	
4c	TN hören die Aussagen und markieren das betonte Wort. **Lösung:** 1. total; 2. ziemlich; 3. sehr; 4. ganz; 5. wirklich; 6. überhaupt; 7. echt; 8. unglaublich	CD: Track 2.49
4d	TN hören noch einmal und sprechen nach. KL weist darauf hin, dass Wörter wie *total, ziemlich, sehr, ganz* etc. verwendet werden, um Ausdrücke des Gefallens/Nichtgefallens zu verstärken. Deswegen werden sie oft betont.	CD: Track 2.49
4e	PA: TN formulieren Sätze wie im Beispiel, die Partner bilden das Gegenteil dazu (z. B. A: *Das Buch hat mir sehr gut gefallen.* B: *Das Buch hat mir überhaupt nicht gefallen.* usw.)	
UND SIE?	GA (3–5 TN): TN sprechen über Dinge, die sie unternommen haben. Dabei gehen sie auf die genannten Fragen ein und benutzen die Ausdrücke aus 4c.	
	VARIANTE: TN schreiben in EA jeweils fünf Sätze mit Beispielen (z. B. *Der neue Film von … hat mir überhaupt nicht gefallen; Das Fußballspiel von … gegen … war unglaublich spannend; …*) auf ein Blatt Papier. TN lesen ihre Sätze und üben die Aussprache. ERWEITERUNG: TN schreiben einen Text über ihr Wochenende, beschreiben ihre Unternehmungen und wie sie ihnen gefallen haben.	Blätter

	Erläuterungen zum Unterricht	Materialien
5a	KL zeigt das Foto. TN lesen die Beschreibung des Fotos von Danas Familie und ergänzen, wer wer ist. Vergleich im PL **Lösung:** Sven 3; Jakob 5; Oma 2; Sybille 4; Laura 6; Thorsten 1	IAW K8-1
5b	TN hören und kreuzen an, über welche Themen die Familie spricht. **Lösung:** Disco, Musical	CD: Track 2.50
5c	TN hören noch einmal und ergänzen, was die Oma fragt. KL schreibt an die Tafel: *Wofür interessierst du dich? Ich interessiere mich für die Zeche Zollverein. – Über wen habt ihr euch geärgert? Über den DJ.* TN überlegen, wann die Frage mit *Wo* + Präposition (wie in 3b) gebildet wird und wann mit Präposition + Personalpronomen: In der ersten Frage fragt man nach einer Sache, in der zweiten nach einer Person. **Lösung:** Über wen?; Von wem?; An wen?	CD: Track 2.50
5d	TN ergänzen den Fokuskasten. KL fasst den Unterschied bei der Frage nach Sachen und Personen zusammen. KL erklärt bei den Fragen nach der Person, dass das Personalpronomen bei den Verben, die Dativ brauchen, *wem* lautet, bei den Verben mit Akkusativ *wen.* **Lösung:** An wen …; Auf wen …; Von wem …	
	ERWEITERUNG: Zur Vertiefung machen die TN ÜB 5a. ERWEITERUNG: Die TN ordnen entweder Fragen und Antworten direkt auf der KV zu oder KL kopiert die KV für jede Gruppe auf Karton und schneidet die Felder aus. TN ordnen die Kärtchen.	KV
UND SIE?	Differenzierungsaufgabe: TN entscheiden, ob sie die Fragen beantworten und eine/n Partner/in befragen oder ob sie einen Text verfassen.	
	ERWEITERUNG/BINNENDIFFERENZIERUNG: Zur Vertiefung machen die TN ÜB 5b, schnellere TN machen auch 5c.	

	Erläuterungen zum Unterricht	Materialien
6a	KL schreibt *Kiosk* an die Tafel. TN erklären, was ein Kiosk ist, und nennen Dinge, die man da kaufen kann. KL schreibt die Vorschläge an die Tafel.	IAW K8-2
6b	TN lesen die Überschriften, KL klärt ggf. Vokabular. TN lesen den Artikel und ordnen die Überschriften in EA oder PA zu. Vergleich im PL. **Lösung:** B Angebot von „Büdchen"; C Horsts Kunden; D Treffpunkt in der Nachbarschaft; D Zukunft der „Büdchen"	
	VARIANTE (GA, 5 TN): KL schreibt die Überschriften auf Blätter, kopiert den Text, schneidet die Textteile auseinander und gibt jeder Gruppe einen Satz Kopien. TN legen die Überschriften in die Mitte. Jede/r TN bekommt einen Satzteil und liest ihn (in der Reihenfolge von A bis E) vor. Die Gruppe ordnet zu.	Blätter, Kopien vom Text
6c	TN beantworten die Fragen im PL oder, wenn sie die Variante mit GA gewählt haben, erst in der Gruppe und dann im PL. **Lösung:** 1. Getränke, Briefmarken, Zeitungen, ...; 2. Um sich auszutauschen und Informationen zu bekommen; 3. Über die Nachbarschaft, den Fußballverein, ...; 4. Weil es immer mehr Tankstellenshops und Supermärkte mit langen Öffnungszeiten gibt.	
	ERWEITERUNG: TN sprechen über den Text im PL. Wie finden sie die Büdchen? Würden sie dort einkaufen? Warum? In Inlandskursen können die TN darüber sprechen, ob sie Kioske am Kursort kennen und schon einmal besucht haben. INTERKULTURELLER ASPEKT: Die TN sprechen darüber, ob es diese Art von Kiosken in ihren Heimatländern gibt. Gibt es Unterschiede und Gemeinsamkeiten? Wo kaufen die TN in ihren Heimatländern, wenn „normale" Geschäfte geschlossen haben?	Plakate
	ERWEITERUNG: TN bearbeiten die KV. Auch als Wettspiel in GA (3–4 TN): Die Gruppe, die zuerst alle Begriffe gefunden hat, hat gewonnen.	KV
VORHANG AUF	GA (3–4 TN): TN wählen zwei Themen und spielen ein Gespräch am Kiosk. Die Gespräche können vorher schriftlich vorbereitet und einstudiert werden.	
	VARIANTE (GA): Jede Gruppe bereitet ein anderes Gespräch vor. Dann wird eine Art „Theaterstück" mit dem Titel *Szenen am Kiosk* im PL vorgespielt.	

	Erläuterungen zum Unterricht	Materialien
7a	GA (3 TN): KL erklärt, dass sie am nächsten Wochenende Besuch bekommen und ein Programm erstellen sollen. TN sammeln in ca. zehn Minuten Ideen zu Kultur und Freizeit (Museen, Sehenswürdigkeiten, Parks, Märkte, Ausstellungen, Cafés etc.). Ggf. kann KL aktuelle Veranstaltungskalender der Stadt zur Verfügung stellen oder die TN informieren sich im Internet.	Veranstaltungskalender, Internet
7b	KL liest mit den TN die Redemittel und klärt ggf. Vokabular.	
	VARIANTE: KL schreibt die Redemittel für jede Gruppe auf Papierstreifen. TN ordnen sie nach Themen (*Vorschläge machen* etc.) und kontrollieren mit dem KB. Die Redemittel können auf ein Plakat geklebt und aufgehängt werden. TN diskutieren ihre Ideen von 7a und erstellen einen Plan für das Wochenende. Dabei verwenden sie die Redemittel. TN können auch eine ▶ **Redemitteldiskussion** machen.	Papierstreifen, evtl. Plakat
7c	Differenzierungsaufgabe: TN verfassen eine E-Mail, in der sie ihren Freunden ihre Pläne vorstellen. Sie können das Muster verwenden oder frei schreiben.	
	ERWEITERUNG: Die Mails werden an eine andere Gruppe weitergegeben, diese liest sie und schreibt eine kurze Antwort, in der sie sich bedankt und auf die Vorschläge reagiert. Ggf. können dabei noch einmal die Verben mit festen Präpositionen geübt werden.	
7d	TN stellen ihre Pläne vor und erklären, warum sie etwas interessant finden.	
	ERWEITERUNG: TN diskutieren alle Vorschläge und erstellen aus diesen den „idealen" Plan für das Wochenende. Der Plan wird im Kursraum aufgehängt.	Video 4

Haltestelle D

	Erläuterungen zum Unterricht	Materialien
1a	TN überlegen in EA, PA oder GA die richtigen Antworten zur Schweiz.	
1b	TN lesen den Text und überprüfen damit ihre Antworten. **Lösung:** 1. 26 Kantone; 2. halb so groß; 3. Luxemburg; 4. 8,3 Mio; 5. Bern; 6. Rumänisch	
1c	KL schreibt *Kondukteur, Gipfeli, Töff, gehäuselt* und *lugen* an. TN überlegen, was die Wörter bedeuten. Anschließend lesen sie die drei Vorschläge für die Begriffe und raten mit einem/einer Partner/in, welcher richtig ist. Danach hören sie das Gespräch und korrigieren. **Lösung:** 1. Schaffner; 2. Croissant; 3. Motorrad; 4. kariert; 5. gucken	CD: Track 2.60
1d	GA (3–4 TN): TN entwerfen Quizfragen zu D-A-CH oder ihren Heimatländern, zu denen sie wie in 1a drei mögliche Antworten vorgeben. Informationen dazu können sie im Internet recherchieren. Sie tauschen ihre Fragen mit anderen Gruppen, diese beantworten die Fragen. Die Gruppe mit den meisten richtigen Antworten kann ggf. einen kleinen Preis erhalten.	Internet

	Erläuterungen zum Unterricht	Materialien
2	TN entscheiden sich für einen der beiden Urlaubsvorschläge und schreiben eine Postkarte, in der sie die vorgegebenen Ausdrücke verwenden. VARIANTE: Der Kurs wird in A und B eingeteilt. Jede/r TN schreibt eine Postkarte an eine Person der anderen Gruppe. ERWEITERUNG: Der Empfänger der Postkarte kann sich in einer E-Mail für die Postkarte bedanken und kurz auf die Urlaubsaktivitäten eingehen (z. B. *Rösti habe ich auch schon mal gegessen, das schmeckt wirklich sehr lecker.*).	

	Erläuterungen zum Unterricht	Materialien
3a	KL liest und klärt mit den TN die Arbeitsanweisung. TN schreiben Sätze wie im Beispiel auf einen Zettel und machen dann einen ▶ **Kursspaziergang**.	Zettel
3b	GA (3 TN): KL klärt mit den TN die Aufgabe und weist auf den Tipp zum Thema Satzstellung hin. TN bilden und ergänzen in der Gruppe Sätze. VARIANTE: TN machen die Übung schriftlich.	

	Erläuterungen zum Testtraining	Materialien
1	DTZ, Lesen Teil 3: KL bespricht mit den TN die Tipps. TN lesen das Prüfungsbeispiel und lösen die Aufgaben. **Lösung:** 1f; 2c; 3f; 4c; 5r; 6c	
2	Goethe/ÖSD-Zertifikat B1, Schreiben Teil 2: KL bespricht mit den TN die Tipps. TN lesen die Aufgabe und den Redemittelkasten und ergänzen evtl. im PL weitere Redemittel, um eine Meinung auszudrücken. TN schreiben ihre Meinung zur Diskussionssendung in einem Text mit etwa 80 Wörtern. KL sammelt die Texte ein und korrigiert sie. ERWEITERUNG: TN tauschen ihre Texte mit einem anderen TN. Diese kontrollieren, ob Verbposition, Endungen und Rechtschreibung richtig sind und besprechen Fehler ggf. mit den Verfassern der Texte.	

9 Ein neuer Job

Lernziele/Sprachhandlungen

Sprechen	berufliche Vorstellungen und Wünsche äußern*; Tipps zur Arbeitssuche geben*; über Irreales sprechen; über Erfahrungen bei der Arbeitssuche sprechen; sich präsentieren und über berufliche Erfahrungen/ Qualifikationen berichten*
Hören	Gespräche über die Arbeit, eine Video-Präsentation verstehen
Schreiben	eine Antwort auf einen Forumstext schreiben
Lesen	einen Chat, eine Stellenanzeige*, ein Bewerbungsschreiben* lesen
Beruf	Bewerbung/Arbeitssuche*

Lerninhalte

Redemittel	Ich wäre/hätte gerne ... | An deiner Stelle würde ich ... | Wenn Markus keine Überstunden machen müsste, würde er zum Fußball kommen. | Ich freue mich darüber, dass ... | Nach der Schule habe ich eine Ausbildung als ... gemacht.
Wortschatz	Arbeitsbedingungen, Probleme und Wünsche am / an den Arbeitsplatz
Grammatik	Konjunktiv II: Wünsche äußern, *wenn*-Satz mit irrealer Bedingung | Verben mit Präposition und *dass*-Satz
Aussprache	Umlaute ä–ö–ü

	Erläuterungen zum Unterricht	Materialien
1a	TN beschreiben das Foto und lesen die Sprechblasen. Sie überlegen im PL, was die drei Personen sonst noch sagen könnten.	
	VARIANTE (GA 3–5 TN): KL kopiert das Foto für jede Gruppe und überklebt die Sprechblasen. Die TN ergänzen die Sprechblasen. Vergleich mit KB.	Kopien des Fotos
1b	KL liest mit den TN die Aussagen und klärt ggf. das Vokabular. TN hören das Gespräch und korrigieren die falschen Informationen. **Lösung:** 1. möchte; 2. nicht; 3. noch nicht zu alt; 4. schon immer	CD: Track 3.02
	VARIANTE/BINNENDIFFERENZIERUNG: TN konzentrieren sich auf eine oder zwei Aussagen.	
1c	TN erstellen in PA anhand der Vorlage eine Mindmap zum Thema Arbeit. Ggf. kann ein Wörterbuch benutzt werden. Nach ca. zehn Minuten erstellt KL eine „Kurs-Mindmap" mit allen Ergebnissen an der Tafel.	Wörterbuch

	Erläuterungen zum Unterricht	Materialien
2a	KL fragt TN nach Gründen, weshalb man mit einer Arbeit nicht zufrieden sein kann, und notiert die Vorschläge (z. B. unfreundliche Kollegen, hässliche Büros etc.). TN lesen die Aussagen. Dann hören sie das Gespräch und kreuzen an. **Lösung:** 1. R; 2. R; 3. F; 4. R; 5. R; 6. F; 7. R	CD: Track 3.03
2b	TN lesen die Wünsche und überlegen, zu welchen Aussagen in 2a sie passen. KL weist darauf hin, dass in 2b Wünsche ausgedrückt werden und dass dies oft mit dem Konjunktiv II geschieht. Konjunktiv II von *haben* und *sein* vgl. Fokuskasten. Bei den meisten anderen Verben benutzt man *würde (gerne)* und den Infinitiv. **Lösung:** A4.; B5.; C1.; D7.; E2	
2c	TN markieren in 2b Konjunktiv-II-Formen und ergänzen die Tabelle. Vergleich im PL. **Lösung:** hätte, würde ... arbeiten	
	BINNENDIFFERENZIERUNG: Zur Vertiefung machen die TN ÜB 2a und b, schnellere TN machen auch 2c.	
2d	GA (3–5 TN): TN schreiben die Wünsche auf, wie beschrieben. Für jeden erratenen falschen Wunsch erhalten sie einen Punkt, TN mit den meisten Punkten in den Gruppen haben gewonnen.	
	ERWEITERUNG (GA 3–5 TN): TN entscheiden sich für eine prominente Person (Politiker, Schauspieler, Sportler usw.) und formulieren Wünsche (z. B. für Cristiano Ronaldo: *Ich würde gerne mit Portugal Weltmeister werden.* usw.). Die Wünsche werden im PL vorgelesen, die anderen TN raten die Person.	

2e	TN beschreiben das Bild im PL. GA (3–4 TN): TN schreiben Sätze, was die Personen auf dem Bild sich wünschen. Vergleich im PL. VARIANTE: TN schreiben ihre Sätze in der Ich-Form (z. B. *Ich hätte gern endlich ein bisschen Ruhe.*) und lesen sie vor. Die anderen TN raten, welche Person / welches Tier das sagt oder denkt.	
2f	TN lesen die Sätze und markieren alle Umlaute. Sie hören und sprechen nach. VARIANTE (PA): Die TN lesen sich abwechselnd die Sätze vor, die Partner markieren die Umlaute. Dann weiter wie oben. ERWEITERUNG: Jede/r TN schreibt einen Satz mit möglichst vielen Umlauten auf ein Kärtchen. TN machen mit den Kärtchen einen ▶ **Kursspaziergang**. Sie zeigen den Partnern ihr Kärtchen, die Partner lesen den Satz vor. Die TN können sich auch Partner suchen und sich gegenseitig ihre Sätze diktieren und anschließend die Rechtschreibung korrigieren.	CD: Track 3.04 Kärtchen
UND SIE?	TN überlegen in EA, was sie sich für ihre Familie, die Freizeit ihre Arbeit / den Deutschkurs wünschen und schreiben es auf. Dann GA (3–4 TN): KL wiederholt mit den TN die Redemittel, um Ratschläge zu geben. TN sprechen über ihre Wünsche und geben sich gegenseitig Ratschläge. ERWEITERUNG (GA, 3–5 TN): TN überlegen in einem ▶ **Miniprojekt**, wie sie sich die perfekte Sprachschule (alternativ: den perfekten Sprachkurs, das perfekte Büro, …) wünschen. Sie halten die Wünsche auf einem Plakat fest und stellen ihr Plakat im PL vor.	 Plakat

	Erläuterungen zum Unterricht	Materialien
3a	TN lesen den Chat und fassen im PL die Themen zusammen. **Lösung:** Arbeitssuche und Wohnungssuche VARIANTE (GA, 3–4 TN): KL kopiert und zerschneidet für jede Gruppe den Chat. TN legen den Chat richtig zusammen und vergleichen mit dem KB.	IAW K9-1 Kopien des Chats als Textpuzzle
3b	KL schreibt die Fragen an. TN beantworten sie. KL weist darauf hin, dass mit diesen Aussagen die Wirklichkeit, die tatsächliche Situation ausgedrückt wird. **Lösung:** 1. Er muss Überstunden machen. 2. Die alte Wohnung ist zu klein. 3. Er kann nicht gut Englisch.	
3c	KL liest das erste Beispiel im Fokuskasten vor und fragt die TN, was die Wirklichkeit ist *(Markus muss Überstunden machen.)* und wo über etwas gesprochen wird, dass so noch nicht eingetroffen ist *(Wenn er keine Überstunden machen müsste, …)*. KL erklärt, dass die Realität mit dem Indikativ, die irreale, noch nicht eingetroffene Situation mit dem Konjunktiv II ausgedrückt wird. KL erinnert daran, dass *wenn*-Sätze Nebensätze sind und das Verb am Ende steht. KL ergänzt mit den TN den zweiten Konjunktiv-Satz. **Lösung:** … könnte, hätte er viele Möglichkeiten.	
3d	TN schreiben in EA oder PA die Sätze mit *wenn*. Vergleich im PL. **Lösung:** 2. Wenn Dana bessere Karrierechancen hätte, wäre sie mit ihrer Arbeit zufriedener. 3. Wenn Ahmed weniger arbeiten würde, hätte er mehr Zeit für seine Freunde. 4. Wenn Maria einen besseren Computer hätte, müsste Herr Gruber ihn nicht so oft reparieren. 5. Wenn Amir öfter im Büro wäre, würden die Kollegen ihn öfter sehen. BINNENDIFFERENZIERUNG: Langsamere TN machen weniger Sätze. ERWEITERUNG/BINNENDIFFERENZIERUNG: Zur Vertiefung machen die TN ÜB 3b, schnellere TN machen auch 3c. ERWEITERUNG (GA 3–5 TN): KL kopiert das ▶ **Domino** der KV für jede Gruppe auf Karton. TN legen die passende Karte an und bilden einen Satz mit *Wenn* … Anschließend können sie mit der Lösung vergleichen.	KV
UND SIE?	TN beschreiben die Bilder (Wohnungsplan, Vater mit Kind, Mann mit Geld, Person im Regen, Mann, der nachts arbeitet). GA (3–4 TN): TN sprechen darüber, was sie in diesen Situationen machen würden.	

ALTERNATIVE: KL klebt die vergrößerten Bilder in die Mitte eines DIN-A3-Blattes. Die Blätter werden im Kursraum ausgelegt. TN gehen durch den Raum und schreiben Sätze wie im Beispiel zu den Bildern. Die Sätze werden im PL vorgelesen und die Blätter im Kursraum aufgehängt. Ggf. kann KL auch den Satzanfang unter jedem Bild vorgeben (z. B. *Wenn ich ein Kind hätte, ...*). ERWEITERUNG (▶ **Kettenübung**): TN fragen nacheinander: *Was würdest du machen, wenn ...* (z. B. *... die Sonne scheinen würde?*). Der/die nächste TN antwortet (*Wenn die Sonne scheinen würde, würde ...*) und stellt eine Frage.	Vergrößerte Kopien der Bilder, Blätter

	Erläuterungen zum Unterricht	Materialien
4a	TN sehen den Text an. KL fragt nach der Textsorte (Stellenanzeige) und wo man diese Texte findet (Zeitung, Internet). TN lesen den Text und fassen die Informationen zuerst in PA, dann im PL zusammen (kleine Firma im Süden von München, Bewerber/in braucht Berufserfahrung etc.). VARIANTE (zwei Gruppen): Eine Gruppe sammelt Informationen über die Firma, die andere über die Bewerber. Danach Austausch im PL.	
4b	PA: TN sammeln Fragen. Was möchte jemand wissen, der an dieser Stellenanzeige interessiert ist? Vergleich im PL, KL schreibt die Fragen an.	
4c	KL fragt, was man macht, wenn man an einer Stelle interessiert ist (Man schickt eine Bewerbung.). KL schreibt *Bewerbung* an und fragt, ob die TN wissen, was zu einer Bewerbung in Deutschland gehört (Anschreiben, Lebenslauf mit Foto, evtl. Zeugnisse und Zertifikate). TN lesen das Anschreiben von Markus und bringen es in die richtige Reihenfolge. **Lösung:** 4, 2, 5, 1, 3	
4d	TN lesen noch einmal und markieren im Anschreiben die Formulierungen, die das Gleiche ausdrücken wie die angegebenen Aussagen. **Lösung:** b) Ich wünsche mir eine neue berufliche Herausforderung; c) ... und habe langjährige Berufserfahrung; d) ... habe ich sehr gute EDV-Kenntnisse; e) Bei meiner derzeitigen Tätigkeit ... VARIANTE (GA, 3–4 TN): KL schreibt die Ausagen a) bis e) und die entsprechenden Textstellen für jede Gruppe auf Kärtchen. Die TN ordnen die Kärtchen zu und suchen und markieren die Formulierungen im Text.	 Kärtchen
4e	TN lesen Stellenanzeige und Anschreiben noch einmal. Sie sprechen im PL darüber, welche Punkte in der Anzeige auf Markus passen und warum er sich auf die Stelle beworben hat.	

	Erläuterungen zum Unterricht	Materialien
5a	KL zeigt das Foto. TN lesen die Gesprächsthemen. Sie hören das Gespräch und kreuzen an. **Lösung:** Überstunden; Familie; Vorstellungsgespräch; Lebenslauf; Hobbys; Gehalt VARIANTE: KL schreibt die Themen auf jeweils ein DIN-A4-Blatt und verteilt die Blätter unter den TN. Die TN hören das Gespräch und stehen auf, wenn über das Thema auf ihrem Blatt gesprochen wird.	CD: Track 3.05 IAW K9-2 DIN-A4-Blätter
5b	TN hören noch einmal und notieren, von wem die Aussagen stammen. **Lösung:** 2. M; 3. M; 4. F; 5. M; 6. F	CD: Track 3.05
5c	TN lesen die Sätze aus 5b noch einmal und markieren das Verb mit der dazugehörigen Präposition. KL schreibt die Verben mit den Präpositionen an. **Lösung:** sich freuen über; sich ärgern über; warten auf; sich vorbereiten auf; sich engangieren für; denken an ERWEITERUNG: Im PL werden weitere Verben mit festen Präpositionen gesammelt. TN wiederholen die Bildung der Fragewörter bei Verben mit festen Präpositionen (*worüber* etc.) und der Pronominaladverbien (*darüber* etc.).	
5d	Der Fokuskasten wird ergänzt. KL erklärt, dass auch bei nachfolgenden Nebensätzen (z. B. mit *dass*) die Pronominaladverbien vor dem Komma benötigt werden. **Lösung:** darauf, daran	

5e	TN schreiben ggf. in PA die Sätze. **Lösung:** 1. …, dass er ein Vorstellungsgespräch hat. 2. Felix ärgert sich darüber, dass Markus nie auf den Fußballplatz kommt. 3. Markus bereitet sich darauf vor, dass er viele Fragen beantworten muss / die Firma ihm viele Fragen stellt. 4. Selma und Markus sprechen darüber, dass Selma sich selbstständig machen will. 5. Selma und Dennis warten darauf, dass Markus mehr Zeit hat. ERWEITERUNG: TN schreiben weitere Sätze über Personen, die sie kennen, z. B. *Meine Mutter freut sich darauf, dass sie bald in Rente geht.* etc. ERWEITERUNG (PA): TN üben mit dem Wechselspiel der KV.	KV
UND SIE?	Differenzierungsaufgabe: Beim Thema Vorlieben können TN mithilfe der Verben mit festen Präpositionen ca. sechs Fragen aufschreiben und sie den Partnern stellen. Beim Thema Bewerbung sprechen sie in PA über ihre Erfahrungen bei Bewerbungsgesprächen. Wichtige Ergebnisse werden im PL vorgestellt.	

	Erläuterungen zum Unterricht	Materialien
6a	TN hören und fassen im PL zusammen, was passiert. **Lösung:** Dennis macht ein Video von sich.	CD: Track 3.06
6b	TN hören weiter und erzählen im PL, warum Dennis ein Video gemacht hat. **Lösung:** Er möchte sich damit für ein Praktikum bewerben. ERWEITERUNG: KL fragt die TN, ob sie sich das auch für sich selbst vorstellen könnten und ob es in ihren Heimatländern denkbar wäre, sich mit einem Video für etwas zu bewerben.	CD: Track 3.07
6c	TN beschreiben die Fotos im PL (Dennis mit Baseballkappe kaut Kaugummi; unaufgeräumtes Zimmer; Dennis präsentiert seine Fußballmannschaft). KL fragt, was ungünstig für eine Bewerbung ist (zu lässige Kleidung; Kaugummikauen; Unordnung; Fußballmannschaft ist irrelevant o. Ä.) und wie er es besser machen könnte. TN hören noch einmal und notieren, was Dennis noch verbessern könnte (Sprache zu lässig; Hintergrundgeräusche, …). ERWEITERUNG (GA, 3–4 TN): TN schreiben Regeln für eine gute Videopräsentation und stellen sie im PL vor.	CD: Track 3.07 Video 5
6d	TN bereiten eine Videopräsentation von sich selbst vor. Sie sammeln im PL Themen, die für eine Vorstellung relevant sein könnten, KL notiert die Vorschläge. Der Redemittelkasten wird gelesen, weitere Redemittel werden ergänzt. Die Länge der Präsentation wird festgelegt (z. B. zwei Minuten). TN überlegen in EA, worüber und in welcher Reihenfolge sie sprechen wollen, und bereiten sie mit Stichpunkten vor.	
6e	TN üben ihre Präsentation, bis sie sie frei sprechen können (auch als Hausaufgabe). PA: TN halten ihre Präsentation, die Partner filmen sie dabei.	
6f	TN schauen sich mit den Partnern die Filme an und sprechen darüber, was ihnen gefallen hat und was man verbessern könnte. Dann sprechen die TN im PL über ihre Erfahrungen. Was haben sie gut geschafft? Wo gab es Schwierigkeiten? ERWEITERUNG: Wenn die TN Regeln für eine gute Videopräsentation erstellt haben, können diese in die Auswertung miteinbezogen werden.	
VORHANG AUF	Differenzierungsaufgabe: TN finden sich je nach Aufgabenwahl in einer Gruppe (3–4 TN) oder in PA zusammen. VARIANTE zur ersten Aufgabe im PL: Jede/r TN schreibt einen Wunsch auf einen Zettel. KL sammelt die Zettel ein und liest die Wünsche vor. Die anderen TN raten, von wem dieser Wunsch stammt, und kommentieren ihn.	Zettel

10 Sport macht Spaß.

Lernziele/Sprachhandlungen

Sprechen	über Sport sprechen; gemeinsam etwas planen*; Vorschläge machen, annehmen oder ablehnen
Hören	Gespräche und Meinungen zum Thema Sport, Radionachrichten* verstehen
Schreiben	private oder offizielle E-Mail verfassen
Lesen	Anzeigen*, E-Mails zu einer Sportveranstaltung, Bericht aus der Zeitung* verstehen
Beruf	Fitnesstrainer/in

Lerninhalte

Redemittel	Ich gehe morgen Volleyball spielen. Hast du Lust mitzukommen? – Ich würde lieber schwimmen gehen. | Schenkst du deiner Freundin das Ticket? – Ja, ich schenke es ihr. | Wer ist der schnellste Läufer der Welt?
Wortschatz	Sport und Sportarten
Grammatik	Stellung von Personalpronomen bei Verben mit Akkusativ und Dativ. | Komparativ und Superlativ vor Nomen
Aussprache	Texte vorlesen

	Erläuterungen zum Unterricht	Materialien
1a	Bei geschlossenem KB: KL zeigt die Fotos und fragt, welche Sportarten TN benennen können. TN lesen die Sportarten im KB und ordnen sie den Fotos zu. KL fragt TN, welche weiteren Sportarten sie kennen, und schreibt die Vorschläge an die Tafel. **Lösung:** A Motorsport; B Tanzen; C Karate; D Schwimmen; E Leichtathletik; F Handball; G Rudern	IAW K10–1
	ERWEITERUNG (▶ **Pantomime**): TN spielen abwechselnd einen Sport pantomimisch vor, die anderen raten; oder TN beschreiben eine Sportart auf einem Zettel (ggf. in PA oder GA). KL sammelt die Texte ein und verteilt sie neu. Die Definitionen werden vorgelesen, TN raten.	Zettel
1b	TN hören das Gespräch und notieren, über welche Sportarten die drei Mitbewohner sprechen. Vergleich im PL. **Lösung:** Fitnesstraining; Tanzen; Handball; Schwimmen	CD: Track 3.16
1c	TN hören noch einmal und fassen im PL zusammen, wer von den Personen welchen Sport macht bzw. machen möchte. **Lösung:** Eleni: Fitness-Studio, Dana: Tanzkurs, Fabian: schwimmen	CD: Track 3.16
1d	TN sprechen im PL darüber, welchen Sport sie selbst machen oder gerne machen würden und welche Sportarten typisch für ihre Heimatländer sind.	
	VARIANTE/ERWEITERUNG: TN machen mithilfe der KV ein Partner-Interview oder ein ▶ **Kugellager** und sprechen drei Minuten über die Fragen. Die Aktivität kann auch als ▶ **Kursspaziergang** durchgeführt werden, dann erhält jede/r TN eine Frage.	KV

	Erläuterungen zum Unterricht	Materialien
2a	TN lesen die vier Aussagen und unterstreichen die wichtigsten Informationen. TN lesen die Anzeigen und notieren, welche für die Personen interessant ist. KL weist darauf hin, dass es für eine Person keine Anzeige gibt. Vergleich im PL. **Lösung:** 1. C; 2. F; 3. X; 4. B	
	ERWEITERUNG: TN besprechen im PL, warum die Anzeigen für die Personen passen bzw. nicht passen.	
2b	TN lesen die Anzeigen noch einmal und besprechen im PL, welche für sie interessant wäre und warum (z. B. *Ich habe ein kleines Kind und bin gerne im Wasser, darum finde ich das Eltern-Kind-Schwimmen sehr interessant.*).	
	ERWEITERUNG: TN machen eine ▶ **Kursstatistik** darüber, wie viele Interessenten es für jeden Kurs gibt. ERWEITERUNG (GA, 3–4 TN): TN schreiben eine Anzeige für ein Sportangebot.	

2c	TN wählen zwei Anzeigen und aus jeder Anzeige zwei Wörter. PA: Sie erklären ihre Vokabeln durch ▸ **Pantomime**, eine Zeichnung oder die Bedeutung. Die Partner versuchen, das Wort zu erraten. VARIANTE: TN beschriften Kärtchen in einer Farbe mit Wörtern aus den Anzeigen und Kärtchen in einer anderen Farbe mit „Pantomime", „Zeichnen" oder „Erklären". TN ziehen abwechselnd eine Karte jeder Farbe und stellen das Wort je nach Anweisung dar. Die anderen TN raten.	Kärtchen in zwei Farben

	Erläuterungen zum Unterricht	Materialien
3a	TN betrachten die Anzeigen von 2a und hören das Gespräch. Sie kreuzen an, über welche Anzeigen die Personen sprechen. **Lösung:** Anzeigen C und F	CD: Track 3.17
3b	TN hören das Gespräch noch einmal und und kreuzen an. **Lösung:** 1. R; 2. F; 3. R; 4. F	CD: Track 3.17
3c	EA/PA: TN verbinden die Sätze und hören ggf. zum Korrigieren noch einmal. **Lösung:** 2. f; 3. a; 4. e; 5. g; 6. h; 7. d; 8. c VARIANTE (GA, 3–4 TN): KL schreibt für jede Gruppe die Teilsätze auf Kärtchen. TN hören noch einmal und setzen die Teile zusammen. ERWEITERUNG: TN schreiben ein Redemittel-Plakat zum Thema *Vorschläge machen / auf Vorschläge reagieren* und hängen es im Kursraum auf.	Kärtchen Plakat
3d	TN schreiben in PA kleine Dialoge, in denen sie sportliche Aktivitäten vorschlagen und darauf reagieren, dazu benutzen sie die Redemittel aus 3c. TN lesen ihre Dialoge im PL vor oder vergleichen mit einem anderen Paar. VARIANTE (PA, ▸ **Zick-Zack-Dialog**): TN schreiben einen Satz auf ein Blatt und tauschen mit den Partnern. Die Partner antworten und geben das Blatt wieder zurück usw. Einige Dialoge werden im PL vorgelesen.	Blätter
3e	Differenzierungsaufgabe (PA): TN bereiten sich auf die Situation vor und sammeln Argumente. Sie spielen die Situation und verwenden Redemittel aus 3c. BINNENDIFFERENZIERUNG: Schnellere TN können beide Situationen spielen.	
UND SIE?	TN überlegen sich eine Aktivität und versuchen zwei weitere TN davon zu überzeugen. Sie machen einen Termin für das Treffen aus. VARIANTE: KL kopiert einige Seiten aus einem Kursprogramm (z. B. einer VHS) und verteilt sie an die TN. TN überlegen sich, welche Aktivität sie interessiert. Sie versuchen, möglichst viele TN davon zu überzeugen, mitzukommen.	Kursangebote z. B. einer VHS

	Erläuterungen zum Unterricht	Materialien
4a	TN beschreiben die Fotos. Die TN spekulieren, was die Personen auf den Fotos sagen. Dann lesen sie die Dialoge und ordnen die Antworten zu. **Lösung:** 2. d); 3. a); 4. c)	IAW K10–2
4b	TN ergänzen den Fokuskasten mithilfe der Sätze. KL erklärt, dass Verben wie *leihen*, *erklären*, *geben* und *kaufen* meist ein Akkusativobjekt (meist ein Gegenstand) und ein Dativobjekt (oft eine Person) haben. TN markieren in den Beispielen das Akkusativ- bzw. das Dativobjekt in unterschiedlichen Farben. KL weist darauf hin, dass, wenn beide Objekte durch Personalpronomen ausgedrückt werden, der Akkusativ vor dem Dativ steht. Zur Verdeutlichung schreibt KL folgende Sätze an (Akkusativ + Dativ in verschiedenen Farben): *Ich leihe meinem Bruder die Sporttasche. – Ich leihe ihm die Sporttasche. Ich leihe sie meinem Bruder. Ich leihe sie ihm.* **Lösung:** sie mir, ihn euch HINWEIS: Ggf. Wiederholung der Pronomen im Akkusativ und Dativ. ERWEITERUNG (PA): TN schreiben in einer ▸ **Kettenübung** Sätze wie den obigen Beispielsatz. Paar 1 schreibt einen Satz mit zwei Nomen (Objekte in verschiedenen Farben). Paar 2 ersetzt das Nomen im Dativ durch ein Pronomen, Paar 3 ersetzt das Nomen im Akkusativ durch Pronomen (das Nomen im Dativ bleibt), Paar 4 ersetzt beide Nomen durch Pronomen. Sätze werden im PL vorgelesen und aufgehängt.	DIN-A3-Blätter

4c	TN schreiben in EA oder PA die Antworten. Vergleich im PL. **Lösung:** 2. Ja, ich leihe sie ihr. 3. Ja, ich zeige ihn euch. 4. Ja, ich erkläre es ihnen. 5. Ja, ich bringe sie ihm. 6. Ja, wir kaufen es uns. ERWEITERUNG/BINNENDIFFERENZIERUNG: Schnellere TN machen ÜB 4b.	
4d	TN erstellen in GA (3–4 TN) Karten, wie beschrieben. Dann ziehen sie Karten, bilden abwechselnd Fragen und beantworten sie wie im Beispiel. Es können auch die Kärtchen der KV verwendet werden. Ergeben sich unsinnige Fragen, können die TN entscheiden, ob sie sie beantworten oder eine neue Karte nehmen. Die Kärtchen können auch offen ausgelegt werden. TN wählen dann drei Karten aus, die gut zueinander passen. VARIANTE: TN schreiben ihre Fragen und die Antworten auf. KL oder eine andere Gruppe korrigieren am Ende.	Kärtchen KV

	Erläuterungen zum Unterricht	Materialien
5a	TN lesen die E-Mail einmal sehr schnell (▶ **globales Lesen**) und fassen kurz im PL zusammen, um was es darin geht. **Lösung:** Ahmed lädt seine Freunde ein, an einem Staffellauf teilzunehmen.	
5b	KL schreibt *Staffellauf* an, TN versuchen, den Begriff zu erklären. TN lesen Ahmeds E-Mail und korrigieren, ggf. in PA, die Aussagen. **Lösung:** 1. Sie sind schon ein paar Mal mitgelaufen; 2. Jeder kann mitmachen; 3. Fünf Läufer …; 4. Es gibt eine Party; 5. Die Teilnahme kostet 15 Euro; 6. Es gibt auch einen Preis für das beste Outfit. INFO: Ein Staffellauf ist eine Disziplin der Leichtathletik, bei der eine Gruppe von Läufern nacheinander laufen und sich nach einer bestimmten Strecke einen Stab übergeben. Es zählt die Gesamtzeit. Heute organisieren viele Städte Staffelläufe, an denen jeder teilnehmen kann, z. B. als sportliches Event oder um Spenden für wohltätige Zwecke zu sammeln. VARIANTE: TN schreiben in GA eine weitere falsche Aussage und lesen sie im PL vor, die anderen TN korrigieren. ERWEITERUNG: KL fragt TN, ob Staffelläufe in ihren Heimatländern bekannt sind und ob es ähnliche Veranstaltungen auch dort gibt.	
5c	TN lesen die Aussagen. Sie hören das Gespräch und kreuzen an. **Lösung:** 1. D; 2. E; 3. F; 4. E; 5. D; 6. F VARIANTE (GA, 3 TN): TN übernehmen je eine Person. KL schreibt die Aussagen für jede Gruppe auf Papierstreifen. TN hören und nehmen die Aussagen vom Tisch, wenn sie denken, dass „ihre" Person das sagt.	CD: Track 3.18 Papierstreifen
5d	TN diskutieren im PL darüber, wie sie die Idee mit dem Staffellauf finden und ob sie sich vorstellen könnten, bei so etwas selbst mitzumachen.	
UND SIE?	Differenzierungsaufgabe: TN schreiben – evtl. als Hausaufgabe – eine E-Mail. Dabei entscheiden sie, ob sie Ahmed antworten wollen oder ob sie sich beim Veranstalter des Staffellaufs genauer zum Ablauf informieren wollen.	

	Erläuterungen zum Unterricht	Materialien
6a	TN lesen die Überschriften und den Zeitungsartikel (▶ **globales Lesen**) und entscheiden sich für eine Überschrift. Vergleich im PL. **Lösung:** B ERWEITERUNG (GA): TN überlegen eine andere passende Überschrift.	
6b	TN lesen den Text noch einmal und schreiben Fragen wie im Beispiel. PA: TN stellen sich gegenseitig die Fragen und beantworten sie. VARIANTE: TN teilen den Artikel in Absätze ein und schreiben für jeden Absatz eine kurze Zusammenfassung.	

6c	TN nennen Adjektive, KL schreibt diese an und wiederholt die Bildung des Komparativs (regelmäßig, mit Umlaut, unregelmäßig). KL ergänzt evtl. weitere Adjektive. KL weist darauf hin, dass auch Komparative und Superlative vor Nomen dekliniert werden, und schreibt Beispiele an und/oder liest mit den TN den Fokuskasten. Ggf. wiederholt KL mit den TN die Adjektivdeklination. TN lesen den Text noch einmal und markieren alle Komparative und Superlative vor Nomen. **Lösung:** Die jüngste Teilnehmerin; das schnellste Team; Langsamere Läufer; Das zweitbeste Resultat; mit dem originellsten Trikot; die höchste Punktzahl; die ältere von beiden; mit ihrer jüngeren Schwester	
6d	TN ergänzen in EA oder PA die Sätze mit einem Superlativ. Für die Endungen können sie die Tabelle zur Hilfe nehmen. **Lösung:** 1. schnellste; 2. beste; 3. höchste; 4. originellsten; 5. älteste; 6. meisten	
	ERWEITERUNG (GA, 3–4 TN): TN schreiben fünf Nomen *(Uhr, Freund, …)* auf ein Blatt und geben es an die nächste Gruppe weiter. Die Gruppe schreibt zu jedem Nomen einen Satz mit einem Superlativ (z. B. *Die teuerste Uhr kostet 300 Euro. Ich gehe mit meinem besten Freund ins Kino.* etc.)	DIN-A3-Blätter
6e	GA (3–4 TN): TN sammeln Adjektive und schreiben Fragen mit Superlativen auf ein Blatt. Sie geben die Fragen an eine andere Gruppe weiter, diese beantwortet sie ggf. mithilfe des Internets. KL weist darauf hin, dass auch ganz alltägliche Fragen gestellt werden dürfen (*Wo ist der nächste Supermarkt? Wer von uns hat den schönsten Rucksack?* usw.)	Internet/Handy
	ERWEITERUNG (GA, 3–4 TN): TN informieren sich im Internet über sportliche Erfolge und schreiben Sätze mit Komparativ oder Superlativ vor Nomen auf ein Plakat, z. B. *Messi schoss letzte Saison die meisten Tore.* etc. ERWEITERUNG: Zur Vertiefung machen die TN ÜB 6c.	Plakat
6f	TN hören den Text und markieren die Pausen. PA: TN lesen sich den Text vor.	CD: Track 3.19
	ERWEITERUNG (PA): TN wählen einen anderen Absatz des Artikels und überlegen, wo sie Pausen setzen würden. Sie üben den Text ein und lesen ihn einem/einer Partner/in vor. VARIANTE (GA, 6 TN, Kettenlesen): KL kopiert den Artikel für jede Gruppe und zerschneidet ihn in sechs Teile. Jede/r TN bekommt einen Textteil, markiert sinnvolle Pausen und übt ihn ein. Dann lesen die TN der Gruppe den Text in der richtigen Reihenfolge vor.	Kopien des Textes

	Erläuterungen zum Unterricht	**Materialien**
7a	TN hören die Sportnachrichten im Radio und kreuzen an. **Lösung:** 1. b; 2. a; 3. c; 4. b; 5. b	CD: Track 3.20–24
	ERWEITERUNG: TN hören noch einmal und fassen im PL gemeinsam zusammen, was sie verstanden haben.	
VORHANG AUF	Differenzierungsaufgabe: TN entscheiden sich für einen Vorschlag. A: Die Gruppe sammelt Ideen (fünf Minuten), was man unternehmen könnte. Sie schlägt die Ideen der anderen Gruppe vor, die alle Vorschläge wie im Beispiel ablehnen muss, dabei darf keine Ausrede mehrfach verwendet werden (evtl. Wiederholung der Redemittel, mit denen man Vorschläge ablehnen kann.). B: TN bilden zwei Gruppen. Eine Gruppe sammelt Argumente für olympische Spiele, die andere Gruppe Argumente dagegen. Anschließend diskutieren die Gruppen über das Thema. Es kann ein/e Diskussionsleiter/in bestimmt werden, der/die darauf achtet, dass alle TN zu Wort kommen, sich nicht unterbrechen usw.	
	VARIANTE für A (▶ **Zick-Zack-Dialog**): Zwei Gruppen stellen sich in zwei Reihen gegenüber. Der/Die erste TN/in macht einen Vorschlag, der/die TN/in der anderen Gruppe lehnt ab, macht einen neuen Vorschlag etc.	

Haltestelle E

	Erläuterungen zum Unterricht	Materialien
1a	Ohne KB: KL schreibt *Skisport* in einem Wortigel an und fragt die TN, was ihnen dazu einfällt. KL notiert die Vorschläge. TN öffnen das Buch und beschreiben im PL, was sie auf den Fotos sehen. Danach lesen sie den Zeitungsartikel und schreiben zu jedem Foto eine Information. Vergleich im PL. ALTERNATIVE (▶ **Kooperatives Lesen**): Eine Gruppe liest den Text bis Zeile 27, die andere den Rest. TN geben den Inhalt ihres Textteils wieder.	
1b	TN lesen den Artikel noch einmal und ordnen die Zeitangaben den Informationen zu. **Lösung:** 1b; 2d; 3c; 4a	
1c	Differenzierungsaufgabe (GA): Die TN können sich für einen der beiden Vorschläge entscheiden. Wenn sie sich für die erste Variante entscheiden, diskutieren sie in der Gruppe über das Thema Tourismus in ihren Heimatländern. Dabei gehen sie auf die vorgebenen Fragen ein. Die TN können auch Plakate gestalten, in denen sie für einige touristisch interessante Orte ihres Landes Werbung machen. Die Plakate werden im PL vorgestellt. Entscheiden sich die TN für die zweite Variante, dann sammeln die TN in zwei Gruppen Pro- und Kontraargumente zum Thema Skitourismus. Anschließend kann ein/e Diskussionsleiter/in ausgewählt und eine Podiumsdiskussion durchgeführt werden. KL weist die TN auf den Musiktipp von Wolfgang Ambros hin. Ggf. kann das Lied im Kurs gehört werden (z. B. auch als Einstieg).	Plakate
1d	TN lesen den Beitrag und schreiben einen Text mit ihrer eigenen Meinung zum Thema (evtl. Wiederholung der Redemittel zur Meinungsäußerung). Die Texte können auch als Hausaufgabe verfasst werden. Einige Texte (mit möglichst unterschiedlichen Meinungen) können im PL vorgelesen und ggf. diskutiert werden.	

	Erläuterungen zum Unterricht	Materialien
2	PA/GA (3–4 TN): TN spielen das Wiederholungsspiel. KL gibt jeder Gruppe eine Münze und eine Spielfigur und stellt klar, dass die Spielregeln verstanden wurden. KL hilft, wenn die TN nicht sicher sind, ob eine Antwort richtig ist. ERWEITERUNG (GA): TN erstellen ein eigenes Wiederholungsspiel für die letzten Kapitel, eine andere Gruppe probiert das Spiel aus.	Münze, Spielfiguren

	Erläuterungen zum Testtraining	Materialien
1	DTZ, Lesen Teil 4; Goethe/ÖSD-Zertifikat B1, Lesen Teil 5 (Info: Im Goethe/ÖSD-Zertifikat B1 gibt es dieselben Textsorten, aber dazu gibt es vier Multiple-Choice-Aufgaben): KL liest mit den TN die Tipps und die Aufgabenstellung. TN lösen die Aufgaben. Vergleich im PL. **Lösung:** 1. F; 2. F; 3. R	
2	telc Deutsch B1, Sprechen Teil 2: KL klärt mit den TN die Aufgabenstellung und liest die vorgegebenen Redemittel. TN bearbeiten die Prüfungsaufgabe in PA und benutzen dabei möglichst auch die Redemittel. KL weist darauf hin, dass es wichtig ist, bei der Meinungswiedergabe frei zu sprechen und nicht vorzulesen. TN üben die Prüfungsaufgabe, indem sie die anderen Themen mit unterschiedlichen Partnern trainieren.	

11 Mütter, Väter, Kinder

Lernziele/Sprachhandlungen

Sprechen	seine Meinung über Frauen- und Männerrollen mitteilen*; sagen, was man tun muss / nicht zu tun braucht; über Erfahrungen mit Kinderbetreuung berichten; telefonisch etwas organisieren
Hören	ein Radiointerview, private Gespräche, ein Lied verstehen
Schreiben	eine Meinungsäußerung zu Frauen- und Männerrollen verfassen*; eine E-Mail an die Kindergärtnerin schreiben*, eine Liedstrophe ergänzen
Lesen	eine Bildergeschichte, Blogbeiträge zum Thema Elternzeit, einen Informationstext über Kindergärten verstehen*
Beruf	Familie und Beruf

Lerninhalte

Redemittel	Bei uns ist das so, dass … | Es kommt darauf an. | Unseren Text hat … geschrieben. Sie/Er sagt, dass … | Ich verstehe nicht, warum … | Ich meine auch, dass … | Während meine Frau kocht, räume ich die Wohnung auf. | Ich brauche nicht zu bügeln. | Ist das mein Handy? – Nein, das ist meins.
Wortschatz	Kinderbetreuung, Frauen und Männer
Grammatik	Nebensatz mit *während* | *nicht/nichts/kein brauchen zu* + Infinitiv | Indefinitpronomen
Aussprache	Kontrastakzente in Fragen mit *oder*

	Erläuterungen zum Unterricht	Materialien
1a	KL schreibt *Mütter, Väter, Kinder* an. TN bilden drei Gruppen. Jede Gruppe sammelt zu einem der Wörter Assoziationen. Vergleich im PL. TN lesen die Bildergeschichte und fassen im PL zusammen, wovon die Geschichte handelt. **Lösung:** Das Paar bekommt ein Kind, es macht sich Gedanken über die Zukunft. Es muss entscheiden, ob einer von beiden oder beide Elternzeit nehmen.	
	VARIANTE (GA, 3–4 TN): TN erhalten die KV und überlegen, was die Protagonisten sagen, und schreiben es in die Sprechblasen (evtl. auf ein gesondertes Blatt). Vergleich mit KB, dann im PL. Wer hatte ähnliche Dialoge? Wer etwas ganz anderes? ERWEITERUNG: KL schreibt *Mutterschutz, Elterngeld, Elternzeit* und *Erziehungsurlaub* an und fragt die TN, ob sie etwas über diese Begriffe wissen. INFO: zu Mutterschutz, Elterngeld und Elternzeit vgl. ÜB 1a. Außerdem: https://www.afa.de/data/19_Info%20Mutterschutz%20und%20Elternzeit.pdf	KV
1b	TN überlegen, wie die Geschichte nach dem 29. Februar wohl weitergeht. TN hören das Gespräch, fassen im PL zusammen, wie es weitergeht, und vergleichen mit ihren eigenen Überlegungen. **Lösung:** Gabriela und Ron stellen gemeinsam den Antrag auf Elternzeit.	CD: Track 3.27
1c	TN erklären, wie die Situation in ihren Heimatländern aussieht. VARIANTE: KL schreibt Fragen an (*Gibt es in Ihren Heimatländern etwas Vergleichbares zu Mutterschutz, Elterngeld und Elternzeit? Wer kümmert sich v. a. um die Kinder? Welche Aufgaben hat der Vater? Welche die Mutter? Spielen andere Personen eine Rolle bei der Kindererziehung, z. B. Großeltern, Geschwister, …? Ist es in Ihrem Heimatland möglich, Kinder zu haben und trotzdem zu arbeiten? Wie ist das sozial angesehen?* etc.) TN sprechen in GA (3–5 TN) über die Fragen und fassen die Ergebnisse im PL zusammen.	

	Erläuterungen zum Unterricht	Materialien
2a	Gabriela schreibt an ein Eltern-Forum und bittet um Rat. KL fragt nach den Problemen in den ersten Monaten mit einem Baby. KL hält Stichpunkte an der Tafel fest. TN lesen Gabrielas Beitrag und fassen ihn im PL zusammen. **Lösung:** Sie musste während der Arbeit viel an ihre Tochter denken und hat oft zu Hause angerufen. Dadurch fühlte sich ihr Mann kontrolliert.	
2b	TN lesen die Aussagen, KL klärt ggf. Vokabular. Anschließend lesen die TN die Antworten auf den Beitrag und ordnen zu, welche Zusammenfassung passt. KL weist darauf hin, dass ein Satz zu keinem Beitrag passt. **Lösung:** 4. Hasret; 1. Julia; 3. Tarek	

2c	GA (3 TN): Jede/r TN entscheidet sich für einen der drei Texte und stellt ihn der Gruppe vor, indem er/sie die Redemittel aus der Tabelle verwendet. ERWEITERUNG (GA): TN diskutieren, wie sie die einzelnen Meinungen finden.	
2d	TN lesen die Sätze und suchen in den Blogeinträgen, wie diese Ausagen dort formuliert sind. TN markieren die Aussagen und lesen sie im PL vor.	
2e	KL zeigt den Fokuskasten, TN ergänzen im PL. KL erklärt, dass *während* zwei Bedeutungen hat. Im ersten Beispiel drückt es Gleichzeitigkeit aus, im zweiten einen Gegensatz. Die Übergänge zwischen temporal und adversativ sind fließend. Beide Varianten sind Nebensätze, das Verb steht am Ende. **Lösung:** ... während ... gearbeitet hat; ... während ... trage ERWEITERUNG: TN lesen 2., 4. und 5. aus 2d noch einmal und entscheiden im PL, ob *während* hier Gleichzeitigkeit oder einen Gegensatz ausdrückt.	
2f	TN schreiben in EA oder PA Sätze mit *während*. KL weist darauf hin, dass es viele verschiedene Möglichkeiten gibt. Vergleich im PL. **Mögliche Lösung:** 2. Während Klaus Leo ins Bett bringt, wäscht Elke ab. 3. Während ich lese, hörst du Musik. 4. Anna lernt Deutsch, während sie Bus fährt. 5. Während Max lieber putzt, bügelt Steven lieber. 6. Während Herr Maier die Kinder erzieht, macht Frau Meier Karriere. 7. Während Susanne viel Geld verdient, hat ihre Schwester viel Freizeit. 8. Während du gerne joggst, gehe ich gern spazieren. BINNENDIFFERENZIERUNG: Schnellere TN schreiben weitere Beispielsätze. VARIANTE/ERWEITERUNG (▶ **Kettenübung/Ballrunde**): Die TN machen die Übung mündlich. Nach Satz 8 kann mit eigenen Ideen weitergemacht werden. ERWEITERUNG (GA, 4 TN, *während* zum Ausdruck von Gleichzeitigkeit): TN organisieren mithilfe des oberen Teils der KV eine Veranstaltung. Sie verteilen Aufgaben und stellen die Organisation im PL vor. ERWEITERUNG (GA, 4 TN, *während* zum Ausdruck von Gegensatz): TN bearbeiten den unteren Teil der KV und stellen das Ergebnis im PL vor.	Kärtchen Ball KV
UND SIE?	Differenzierungsaufgabe: TN entscheiden, ob sie einen Text zum Thema Männer- und Frauenrollen im Privat- oder Arbeitsleben schreiben wollen. Ggf. auch als Hausaufgabe. TN lesen die Redemittel und erweitern sie ggf. im PL. TN sprechen über die verfassten Texte, stellen Fragen und beantworten diese. VARIANTE: KL sammelt die Texte ein und verteilt sie vermischt an die TN. TN lesen die ihnen zugeteilten Texte und bilden Gruppen (3–5 TN). TN fassen den gelesenen Text für die anderen TN der Gruppe zusammen, diese diskutieren über den Inhalt und sagen, womit sie einverstanden sind und womit nicht. VARIANTE (▶ **stiller Dialog**): Die Texte werden auf je ein DIN-A3-Papier geklebt und ausgelegt. TN gehen durch den Raum, lesen die Texte und kommentieren sie schriftlich auf dem Papier, auch die Kommentare anderer TN werden kommentiert.	DIN-A3-Blätter

	Erläuterungen zum Unterricht	Materialien
3a	TN lesen zuerst die Aussagen und hören dann das Interview mit Gabriela und Ron. Sie kreuzen an, was richtig und was falsch ist. Vergleich im PL. **Lösung:** 1. R; 2. F; 3. F; 4. R; 5. R; 6. F BINNENDIFFERENZIERUNG: TN konzentrieren sich entweder auf die Aussagen von Ron oder auf die von Gabriela.	CD: Track 3.28 IAW K11-1
3b	TN hören noch einmal, machen Notizen und tauschen sich im PL aus.	CD: Track 3.28
3c	TN lesen die Sprechblasen und ergänzen den Fokuskasten. KL weist darauf hin, dass man die Struktur *nicht brauchen zu* statt *nicht müssen* verwenden kann, dass diese Form aber nur in der Negation funktioniert. **Lösung:** brauche nicht ... zu	

3d	TN schreiben in EA oder PA die Sätze mit *nicht brauchen zu*. Vergleich im PL. **Lösung:** 2. Ich brauche nicht einzukaufen. 3. Du brauchst nicht zu kochen. 4. Du brauchst heute nicht sauber zu machen. BINNENDIFFERENZIERUNG: Schnellere TN schreiben weitere Sätze. ERWEITERUNG (WG-Spiel): TN sammeln Hausarbeiten an der Tafel und wählen fünf Aufgaben aus, die sie in einer WG übernehmen würden. GA (3–5 TN): TN diskutieren, wer welche Hausarbeiten in einer WG übernimmt (z. B. *Wenn ihr wollt, kann ich für euch einkaufen. / Soll ich einkaufen? – Das brauchst du nicht zu machen, das macht schon Helena.* etc.). KL weist TN darauf hin, *(nicht) müssen* und *(nicht) brauchen zu* zu verwenden. KL erklärt ggf., dass die Struktur *nicht brauchen zu* bei der Verneinung von Nomen mit *kein/keine* (*Sie braucht keine Wäsche zu waschen.*) verwendet wird.	
3e	TN vergleichen Rons und Gabrielas Alltag und schreiben Sätze wie im Beispiel. **Lösung:** 2. Ron muss nachts aufstehen. 3. Ron muss nicht jeden Tag in der Firma sein. 4. Gabriela muss zur Arbeit fahren. 5. Gabriela braucht den Haushalt nicht zu machen. 6. Gabriela muss mit dem Chef diskutieren.	
UND SIE?	TN machen Notizen, was sie im Haushalt, in der Familie und im Beruf machen müssen bzw. nicht zu machen brauchen und warum (z. B. *Ich muss jeden Tag für meine Familie Essen kochen, aber ich brauche nicht zu spülen, weil wir eine Spülmaschine haben.*). GA (3–5 TN): TN sprechen über die Situationen. VARIANTE: TN sprechen und schreiben Sätze auf ein Blatt (z. B. *Malin braucht auf der Arbeit keine Kopien zu machen, weil ihr Praktikant das macht.* etc.). BINNENDIFFERENZIERUNG: Langsamere TN wählen nur eine Situation.	DIN-A3-Blätter

	Erläuterungen zum Unterricht	Materialien
4a	KL schreibt *Kindergarten/Kindertagesstätte* an und fragt die TN, was sie über diese Einrichtungen wissen. TN lesen den Text und korrigieren die Aussagen. **Lösung:** 1. in Deutschland; 2. es wird auch auf die Schule vorbereitet; 3. beim Deutschlernen; 4. nicht kostenlos	
4b	Differenzierungsaufgabe: TN entscheiden sich, ob sie über Kinderbetreuung in Deutschland (vgl. Text in 4a) oder in ihren Heimatländern sprechen. Sie bilden Gruppen und berichten im PL. VARIANTE (GA 3–4 TN): TN erstellen Plakate, auf denen sie über die Kinderbetreuung vor dem Eintritt in die Schule berichten, entweder in ihren Heimatländern oder in Deutschland (ggf. informieren sie sich im Internet). TN stellen ihre Plakate im PL vor, anschließend Diskussion.	Plakate, Internet
4c	TN lesen die Fragen, hören das Gespräch und beantworten die Fragen im PL. **Lösung:** Ron spricht mit der Kindergärtnerin Frau Daus. Sie sprechen darüber, dass Lina an zwei Tagen von ihren Großeltern gebracht und abgeholt wird und an einem Tag länger bleiben muss.	CD: Track 3.29
4d	TN hören noch einmal und kreuzen die richtige Lösung an. **Lösung:** 1. a; 2. b; 3. c; 4. a	CD: Track 3.29
4e	TN wiederholen, welche Informationen Frau Daus erbeten hat, KL schreibt die Punkte an (Namen, Telefonnummer der Großeltern, Zeiten usw.). TN schreiben die E-Mail und erklären, wie die nächste Woche aussehen wird. VARIANTE/BINNENDIFFERENZIERUNG: TN machen ÜB 4b.	
UND SIE?	TN sammeln im PL Probleme im Alltag und wer einem dabei helfen kann. Sie überlegen in PA ein Telefongespräch und spielen es im PL vor.	

	Erläuterungen zum Unterricht	Materialien
5a	TN hören und überlegen, welches Problem Ron haben könnte.	CD: Track 3.30 IAW K11–2
5b	TN schreiben in PA ein mögliches Ende und spielen es im PL vor.	
5c	TN hören die beiden Versionen und sprechen darüber, welches Ende sie realistischer finden und warum.	CD: Track 3.31–32

5d	TN lesen die Dialoge und markieren wie im Beispiel die Indefinitpronomen. KL erklärt, dass man die Indefinitpronomen verwendet, wenn man das Nomen nicht noch einmal wiederholen möchte (*Möchtest du einen Saft? – Nein, ich möchte keinen.* statt: *Nein, ich möchte keinen Saft.*). Danach ergänzen die TN die Indefinitpronomen im Fokuskasten. KL vergleicht mit den TN die Indefinitpronomen mit den unbestimmten Artikeln und markiert die Formen, die sich unterscheiden (*einer/keiner; eins/keins; welche*). ERWEITERUNG/BINNENDIFFERENZIERUNG: TN machen ÜB 5a, schnellere TN auch 5b.	
5e	TN ergänzen – ggf. in PA – die Dialoge. **Lösung:** meins, deins; keine, eine; keine	
5f	TN schreiben in PA weitere Dialoge und spielen sie vor. VARIANTE (▶ **Kettenübung/Ballrunde**): Der/die erste TN fragt: *Hast du ein Taschentuch / einen Kuli / eine Tasse / Bücher … für mich?* Der/die nächste TN antwortet: *Ja/Nein, ich habe (k)eins/ keinen/welche …* usw.	

	Erläuterungen zum Unterricht	Materialien
6a	TN hören und markieren, welche Wörter in den Fragen betont werden. **Lösung:** 2. Mutter/Lina; 3. Stelle/nicht; 4. jetzt/später; 5. bestanden/durchgefallen	CD: Track 3.33
6b	TN lesen die Information im Kasten und betrachten die Zeichnung. KL liest vor, TN sprechen nach. TN hören noch einmal und sprechen nach. ERWEITERUNG (PA): TN schreiben weitere Sätze mit *oder* und üben sie.	CD: Track 3.33

	Erläuterungen zum Unterricht	Materialien
7a	KL erklärt, dass Gabriela Ron ein Lied schickt. TN hören das Lied bei geschlossenem KB und überlegen, wie der Titel lauten könnte. **Lösung:** Herz ist Trumpf INFO: Trio bestand aus den drei Musikern Stephan Remmler (Gesang), Kralle Krawinkel (Gitarre) und Peter Behrens (Schlagzeug). Sie machten bewusst minimalistische Musik und hatten mit Songs wie „Da da da" und „Herz ist Trumpf" auch international Erfolg. Weitere Informationen vgl. ÜB 7.	CD: Track 3.34
7b	KL zeigt die Bilder. TN beschreiben sie und überlegen, was sie bedeuten. Sie hören das Lied noch einmal und lesen mit. Dann ordnen sie die Bilder erst in PA, dann im PL den passenden Textstellen zu. **Lösung:** Bild 1: Z. 12 f.; Bild 2: Z. 11; Bild 3: Z. 22 f .; Bild 4: Z. 19 f. VARIANTE: KL schreibt das Lied auf Papierstreifen und verteilt sie an die TN. TN rekonstruieren das Lied beim Hören, dann weiter wie oben. ERWEITERUNG: Wenn die TN Lust haben, können sie das Lied mitsingen.	CD: Track 3.34 Papierstreifen
7c	TN hören noch einmal und schreiben dann in PA oder GA eine eigene Strophe. ERWEITERUNG: Mutige TN können ihre Strophe vortragen/aufnehmen.	CD: Track 3.34
VORHANG AUF	Differenzierungsaufgabe: TN wählen ein Foto und schreiben einen Text oder Dialog (in PA) dazu. Die Dialoge werden im PL vorgespielt. BINNENDIFFERENZIERUNG: TN improvisieren Dialoge zu den Bildern, ohne sie vorher zu verschriftlichen.	

12 Berufliche Anerkennung

Lernziele/Sprachhandlungen

Sprechen	über den eigenen Werdegang sprechen*; Informationen zur beruflichen Anerkennung erfragen*; einen Beruf beschreiben; ein Beratungsgespräch zur beruflichen Anerkennung führen*
Hören	ein Telefongespräch über berufliche Anerkennung, Beratungsgespräche verstehen
Schreiben	eine Erfolgsgeschichte, ein Berufsprofil, den eigenen Lebenslauf schreiben
Lesen	eine Erfolgsgeschichte, das Berufsprofil Optiker, einen tabellarischen Lebenslauf*, einen Test zur Berufswahl verstehen
Beruf	Anerkennung ausländischer Berufsqualifikationen

Lerninhalte

Redemittel	Nach der Schule habe ich als ... gearbeitet. In der Zukunft würde ich gerne ... | Mein schönster Erfolg war ... Damals hatte ich ... | Welchen Beruf haben Sie gelernt? – Ich bin ... von Beruf. | Ich will unbedingt ... | Ich kann mir vorstellen ...
Wortschatz	Berufe
Grammatik	Plusquamperfekt | Infinitiv als Nomen | *manche* | Nebensatz mit *nachdem*
Aussprache	Wortakzent in Komposita

	Erläuterungen zum Unterricht	Materialien
1a	KL zeigt die Fotos. TN überlegen, warum Athula traurig aussieht und welches Problem er haben könnte. KL schreibt die Vorschläge an die Tafel.	
1b	TN hören das Gespräch und fassen im PL Athulas Problem zusammen. **Lösung:** Er ist enttäuscht, dass er in einer Fabrik arbeiten muss, obwohl er Augenoptiker ist.	CD: Track 3.42
1c	TN hören das Gespräch ggf. noch einmal und korrigieren die Aussagen zuerst in PA, dann im PL. **Lösung:** 1. Der Chef ist ganz nett. 2. Ein Augenoptikgeschäft. 3. Athula will Khalid anrufen.	
1d	TN sprechen darüber, ob sie Leute kennen, denen es ähnlich geht wie Athula.	

	Erläuterungen zum Unterricht	Materialien
2a	Zwei TN lesen die Sprechblasen vor. TN sprechen im PL darüber, wie Khalid Athula helfen kann.	
2b	KL erklärt, dass TN die Begriffe brauchen, um das nächste HV zu verstehen. TN notieren die Wörter und übersetzen sie mithilfe eines Wörterbuchs.	Wörterbuch, Handy
	ERWEITERUNG: TN fertigen Vokabelkärtchen an (auf eine Seite: den deutschen Ausdruck, auf die andere: die Übersetzung) und üben damit: Zuerst liegen die Kärtchen mit der deutschen Seite nach oben, TN nennen das Wort in ihrer Sprache und kontrollieren, danach liegen die Kärtchen mit der Übersetzung nach oben und TN versuchen, die deutsche Vokabel zu erinnern.	Kärtchen
2c	TN hören das Telefongespräch und kreuzen an, was richtig und was falsch ist. **Lösung:** 1. F; 2. F; 3. R; 4. R; 5. R; 6. R; 7. F	CD: Track 3.43
UND SIE?	KL schreibt die Fragen an. TN schreiben in EA auf, welche Pläne sie in beruflicher Hinsicht hatten/haben und auch was sie gelernt/gemacht haben und im Moment machen. GA (4–5 TN, ggf. 3 TN, dann den vierten Satzanfang weglassen): TN sprechen über Gemeinsamkeiten und stellen diese ggf. auf einem Blatt oder Plakat dar.	
	VARIANTE (▶ **Kugellager**): Mit der/dem ersten TN sprechen sie über die Vergangenheit. Was wollten die TN als Kind werden, was ist daraus geworden, was haben sie studiert/gelernt/gearbeitet? Mit dem zweiten TN sprechen sie über die Gegenwart: Was machen die TN gerade? Was arbeiten sie? Sind sie zufrieden? Was ist positiv, was ist negativ? Mit dem dritten TN sprechen sie über die Zukunft: Was würden die TN gerne machen? Möchten sie in ihrem Beruf bleiben oder würden sie sich lieber verändern? Was würden sie an ihrer aktuellen Situation gerne verbessern? Welche Träume haben sie? ERWEITERUNG: TN schreiben ggf. als Hausaufgabe einen Text über ihren beruflichen „Lebenslauf": Was wollten sie als Kind machen? Wie hat sich ihr berufliches Leben dann entwickelt? Was wünschen sie sich für die Zukunft?	DIN-A3-Blätter/ Plakate

	Erläuterungen zum Unterricht	Materialien
3a	TN lesen die Begriffe und Definitionen und kreuzen an. Vergleich im PL. **Lösung:** a; b; b	
3b	TN lesen die Überschriften und den Text. PA: Sie ordnen die Überschriften zu. KL weist darauf hin, dass eine Überschrift zu keinem der Texte passt. **Lösung:** A2; B–; C1	
3c	TN lesen den Text noch einmal und markieren die wichtigsten Aussagen. Danach erzählen sie Mirelas Geschichte mit ihren eigenen Worten im PL nach. VARIANTE: KL gibt den TN folgendes Gerüst vor: Hannover, deutscher Freund, Großmutter, Bukarest, Sekretärin, Bedienung, Anerkennungsberatungsstelle, Antrag, Unterlagen, Anerkennung, Bewerbung. PA/GA (3 TN): TN formulieren zu jedem Wort einen Satz, sodass Mirelas Geschichte zusammengefasst wird. Anschließend fassen die TN die Geschichte im PL noch einmal zusammen.	
3d	TN lesen den Fokuskasten. KL erklärt, dass, wenn etwas in der Vorvergangenheit ausgedrückt wird, das Plusquamperfekt verwendet wird, das mit *hatten/waren* und dem Partizip II gebildet wird. Ggf. schreibt KL ein weiteres Beispiel an, z. B.: *Letzte Woche kam endlich meine Freundin zu Besuch. Davor hatten wir immer nur miteinander telefoniert.* TN lesen den Text 3b noch einmal und markieren alle Plusquamperfekt-Formen. **Lösung:** hatte … kennengelernt; war … gestorben; … gekümmert hatte; war … gegangen; hatte … gearbeitet; … abgegeben hatte ERWEITERUNG/BINNENDIFFERENZIERUNG: TN machen zur Vertiefung ÜB 3b, schnellere TN machen auch 3c. ERWEITERUNG (GA, 3–5 TN): TN schreiben fünf Sätze über sich mit dem Plusquamperfekt (z. B. *Bevor ich nach Deutschland kam, …; Bevor ich als Lehrer arbeitete, …; Bevor ich heiratete, …; Bevor ich den Deutschkurs besuchte, …*). Drei Aussagen sollen richtig, zwei falsch sein. TN lesen ihre Sätze vor, die anderen TN raten, welche zwei Aussagen nicht wahr sind.	
3e	TN schreiben einen Text über Khalid und benutzen das Plusquamperfekt. **Lösung:** Medizin studiert; … schon Deutsch gelernt; … ein Praktikum an einem Krankenhaus gemacht; … viel über Deutschland gelesen; … nicht in Ägypten geblieben; … nach Deutschland gekommen; … in einen Deutschkurs gegangen	
UND SIE?	Differenzierungsaufgabe: TN überlegen, was ihnen in letzter Zeit gelungen ist. TN wählen, ob sie eine Erfolgsgeschichte aus ihrem Berufs- oder Privatleben schreiben. Sie lesen ihre Geschichten vor. Die anderen TN kommentieren. VARIANTE: TN schreiben ihre Geschichte anonym. KL sammelt sie ein und verteilt sie neu. Die TN lesen die erhaltene Geschichte und versuchen durch Fragen herauszufinden, wer die Geschichte geschrieben hat. BINNENDIFFERENZIERUNG: Schnellere TN schreiben zu beiden Situationen.	

	Erläuterungen zum Unterricht	Materialien
4a	KL schreibt *Augenoptiker/in* an und fragt nach den Aufgabengebieten dieses Berufs. TN lesen den Text und ordnen die Tätigkeiten den Bildern zu. **Lösung:** A6.; B3.; C4.; D7	IAW K12–1
4b	TN lesen den Fokuskasten. KL erklärt, dass Infinitive auch als Nomen (mit Artikel *das*) benutzt werden. TN formulieren die Infinitive als Nomen aus 4a in Verben um. **Lösung:** 2. Er führt Sehtests bei Kunden durch. 3. Er passt Brillen und Kontaktlinsen an. 4. Er repariert Brillen. 5. Er bearbeitet Brillengläser. 6. Er verkauft Pflegemittel für Brillen und Kontaktlinsen. 7. Er führt Verwaltungsarbeiten durch. ERWEITERUNG: Zur Vertiefung machen die TN ÜB 4a. ERWEITERUNG (GA, 3–4 TN): TN schreiben ein Berufsprofil mit Infinitiven als Nomen. Sie lesen die Aufgaben im PL vor, die anderen TN raten, um welchen Beruf es sich handelt. Die Berufsprofile werden unter den Gruppen verteilt, die TN formulieren die Infinitive als Nomen in konjugierte Verben um.	

4c	TN hören die Wörter und markieren den Wortakzent. TN lesen den Infokasten. KL erklärt, dass der Akzent bei Komposita auf dem Bestimmungswort liegt, siehe Beispiel im Infokasten.	CD: Track 3.44
4d	TN hören noch einmal und sprechen nach.	CD: Track 3.44
4e	TN suchen in den Kapiteln 9–11 Komposita, schreiben sie auf Kärtchen und üben den Wortakzent. VARIANTE (GA): TN übernehmen je ein Kapitel, schreiben die Komposita auf Kärtchen und üben die Aussprache. Austausch mit einer anderen Gruppe. ERWEITERUNG (▶ **Kettenübung/Ballrunde**): TN bilden Schlangenwörter, indem sie Komposita so weit wie möglich erweitern, z. B. *Buch-Wörterbuch-Englischwörterbuch.*	Kärtchen Ball
UND SIE?	Differenzierungsaufgabe: TN entscheiden sich, ob sie ein Berufsprofil zu ihrem Beruf oder zu ihrem Wunschberuf schreiben wollen, und lesen es im PL vor. Ggf. raten die anderen TN, um welchen Beruf es sich handelt.	

	Erläuterungen zum Unterricht	Materialien
5a	KL liest mit den TN die Ausdrücke und klärt ggf. das Vokabular. TN formulieren in GA (3 TN) eigene Fragen und Fragen des/der Sachbearbeiters/ Sachbearbeiterin. **Mögliche Lösungen:** 1. Wie viel kostet die Anerkennung?; Wo muss ich die Formulare abgeben?; Gibt es ein Merkblatt zu dem Thema?; Muss ich ein Formular ausfüllen?; Brauche ich eine Übersetzung meiner Zeugnisse?; Wie lange wird die Anerkennung dauern?; 2. Was ist Ihre Muttersprache?; Wo haben Sie Ihren Beruf gelernt?; Was haben Sie gelernt/gearbeitet?; Haben Sie eine Weiterbildung gemacht?; Wie lange haben Sie gearbeitet? etc. VARIANTE: KL teilt den Kurs in zwei Gruppen. Eine Gruppe formuliert Fragen an den/die Sachbearbeiter/in, die andere Fragen, die diese/r stellen könnte. VARIANTE/BINNENDIFFERENZIERUNG (PA): KL kopiert die KV für jedes Paar auf Karton und schneidet die Fragen aus (die Nummer rechts ist zur Kontrolle und wird abgeschnitten). TN ordnen, wer was fragt. Vergleich im PL.	Video 6 KV
5b	TN ordnen die Aussagen/Fragen von Athula (rechts) denjenigen des Sachbearbeiters (links) zu. Sie hören das Gespräch und korrigieren ggf. **Lösung:** 4; 1; 5; 2	CD: Track 3.45
5c	TN hören noch einmal und achten darauf, was Athula als Nächstes tun muss. **Lösung:** Er muss seine Unterlagen einreichen.	CD: Track 3.45
5d	TN lesen den Fokuskasten. KL erklärt, wie *manche* dekliniert wird. KL weist darauf hin, dass *alle, einige* und *viele* genauso funktionieren. TN lesen 5b noch einmal und markieren alle Formen mit *manch-*. Im PL überlegen sie, um welchen Kasus es sich dabei handelt. Dann machen sie die Einsetzübung. **Lösung:** 2. manchen; 3. Manche; 4. manchen; 5. manche ERWEITERUNG: TN setzen statt *manch alle, einige* oder *viele* in die Sätze ein. ERWEITERUNG: TN schreiben weitere Beispielsätze. ERWEITERUNG: Zur Vertiefung machen die TN ÜB 5b.	
5e	TN machen Notizen zu ihrem echten oder zu einem fiktiven Beruf. Sie schreiben und spielen in PA Beratungsgespräche und nutzen dafür die Fragen, die sie in 5a gesammelt haben. Einige Gespräche werden im PL vorgespielt.	

	Erläuterungen zum Unterricht	Materialien
6a	TN hören das Gespräch und kreuzen an, worüber Frau Kuhl mit Athula spricht. **Lösung:** über seinen Lebenslauf	CD: Track 3.46
6b	TN lesen die Angaben und den Ausschnitt aus dem Lebenslauf. Sie hören noch einmal und setzen die Wörter ein. Vergleich in PA, dann im PL. **Lösung:** (2) Umzug; (3) selbstständig; (4) Abschluss; (5) Ausbildung; (6) Arbeit suchend; (7) 2003	CD: Track 3.46

6c	TN hören ein weiteres Mal und kreuzen an. **Lösung:** 1. R; 2. F; 3. R; 4. F; 5. R	
6d	KL zeigt den Fokuskasten; TN ergänzen im PL die Lücken. KL markiert in einer Farbe, was zuerst passiert ist (*nachdem*) und in einer anderen, was danach passiert (*Frau Kuhl bietet Kaffee an*). TN schreibt ggf. weitere Beispiele an und lässt von den TN farbig markieren. KL weist darauf hin, dass Sätze mit *nachdem* Nebensätze sind, das Verb steht also am Ende. **Lösung:** begrüßt; gekommen ist	
6e	TN bilden zu den Illustrationen Sätze mit *nachdem*. **Lösung:** Nachdem Athula ins Fitnesscenter gegangen ist, trainiert er. Nachdem er trainiert hat, trinkt er einen Kaffee. Nachdem er einen Kaffee getrunken hat, telefoniert er. Nachdem er telefoniert hat, gießt er die Blumen. BINNENDIFFERENZIERUNG: Schnellere TN bilden weitere Sätze. VARIANTE: TN schreiben die Sätze. ERWEITERUNG (▶ **Kettenübung/Ballrunde**): TN bilden weitere Sätze (*Nachdem er die Blumen gegossen hat, trifft er einen Freund.* etc.) ERWEITERUNG (GA, 3–4 TN): TN schneiden das Foto einer prominenten Person aus einer Zeitschrift aus, kleben es auf ein DIN-A3-Blatt und schreiben Sätze mit *nachdem*, um auszudrücken, was die Person den ganzen Tag lang gemacht hat (z. B. *Messi ist um 7 Uhr aufgestanden. Nachdem er aufgestanden ist, hat er geduscht.* etc.). Die TN können die Sätze auch ohne den Namen schreiben und im PL vorlesen. Die anderen TN raten. ERWEITERUNG/BINNENDIFFERENZIERUNG: Zur Vertiefung machen TN ÜB 6a, schnellere TN machen auch 6b.	Ball Zeitschriften, DIN-A3-Blätter, Schere, Klebstoff
UND SIE?	TN machen zuerst Notizen und schreiben die Sätze mit *nachdem* wie im Beispiel. GA (3–5 TN): TN stellen einander ihre Lebensstationen vor.	

	Erläuterungen zum Unterricht	Materialien
7a	KL schreibt *Berufe* in einem ▶ **Wortigel** an, fragt, welche Berufe die TN kennen, und ergänzt den Wortigel. TN beschreiben die Bilder. Ggf. suchen TN zu jedem Oberbegriff Berufe, die sie kennen. TN ordnen (ggf. in PA) die Tätigkeiten den Oberbegriffen zu (evtl. auch mit der KV). KL weist darauf hin, dass es mehrere Möglichkeiten geben kann. **Lösung:** 2. D; 3. F; 4. A; 5. C; 6. D; 7. B; 8. G; 9. C; 10. A; 11. B; 12. F; 13. G; 14. E	IAW K12-2 KV
7b	TN sammeln in GA weitere Tätigkeiten zu den Oberbegriffen. Vergleich im PL.	
7c	TN markieren mithilfe der Symbole alle Tätigkeiten aus 7a, auch die, die sie im Kurs ergänzt haben.	
7d	PA: TN fragen sich gegenseitig, welche Tätigkeiten sie sich vorstellen könnten und was sie lieber nicht machen möchten. Dazu vergleichen sie ihre Bewertungen und benutzen die Redemittel. TN können sich Ratschläge geben, welcher Beruf für sie in Frage käme. VARIANTE (PA): TN befragen eine/n Partner/in mithilfe der KV. Anschließend empfehlen sie einige Berufe, die dem/der Partner/in gefallen könnten.	 KV
VORHANG AUF	Differenzierungsaufgabe: GA (3–4 TN): TN entscheiden sich für eine Situation. Sie bereiten in GA (A: 3TN/B: 4 TN) das Gespräch vor und spielen es im PL vor.	

Haltestelle F

	Erläuterungen zum Unterricht	Materialien
1a	KL schreibt *Berufe* an und sammelt Berufe, die den TN einfallen. GA (3–5 TN): TN sammeln Männer- und Frauenberufe. Vergleich im PL. TN schreiben einen Beruf auf ein Kärtchen. TN diskutieren im PL, wo die Berufe auf einem Strahl einzuordnen sind, und begründen ihre Meinung.	Kärtchen
1b	TN lesen die Überschriften und überlegen ggf., welche Informationen hinter den Überschriften stecken könnten. Sie lesen die Meinungen und ordnen jedem Text eine Überschrift zu (eine Überschrift passt zu keinem Text). **Lösung:** 1. A; 2. E; 3. C; 4. B	
1c	GA (3–5 TN)/PL: TN diskutieren die Meinungen. Sie wählen eine Meinung aus und sagen, wie sie darüber denken; die anderen TN kommentieren. VARIANTE (▶ **Stiller Dialog**): KL klebt Kopien der Texte auf ein DIN-A3-Blatt und legt sie aus. TN kommentieren die Meinungen schriftlich und reagieren auf Kommentare der anderen TN. Die Blätter werden im Kursraum aufgehängt.	Kopien der Meinungsäußerungen

	Erläuterungen zum Unterricht	Materialien
2a	TN hören und sprechen nach. Anschließend erweitern sie den Satz wie im Beispiel noch einige Male und lesen alle Versionen mehrmals laut.	CD Track 3.53
2b	GA (3–5 TN): TN erweitern die Sätze und lesen danach alle Sätze laut vor. VARIANTE: TN schreiben einen vorgegebenen/eigenen Satz. Er wird an die TN rechts weitergeben, diese erweitern den Satz usw. Wenn alle TN zu jedem Satz ergänzt haben, lesen sie die Sätze vor. VARIANTE (▶ **Ballrunde**): Der/die erste TN spricht den vorgegebenen Satz, die nächsten erweitern ihn usw. Wenn der Satz sich nicht mehr sinnvoll ergänzen lässt, beginnt der/die nächste TN mit dem nächsten Satz.	Papier Ball

	Erläuterungen zum Unterricht	Materialien
3a	TN lesen die Fragen, markieren, welche sie gerne beantworten würden, und notieren einige Fragen, die zu den genannten Themen passen.	
3b	GA (3–4 TN): TN stellen sich gegenseitig die Fragen und beantworten sie. ERWEITERUNG: TN notieren Gemeinsamkeiten und stellen diese im PL vor.	

	Erläuterungen zum Testtraining	Materialien
1	DTZ, Hören Teil 4: KL liest mit den TN die Tipps und die Aufgabenstellung. TN hören und lösen die Aufgaben. Vergleich im PL. **Lösung:** 1e; 2d; 3a	CD Track 3.54
2	Goethe/ÖSD-Zertifikat, Schreiben Teil 1: KL klärt mit den TN die Tipps und die Aufgabenstellung. TN schreiben die E-Mail. Sie tauschen ihre E-Mail mit einem/einer Partner/in, korrigieren soweit möglich die Fehler und besprechen gemeinsam, was gut war und was man noch verbessern könnte.	
3	telc Deutsch B1, Schreiben: KL erläutert die Tipps und klärt die Aufgabe.	
3a	PA: TN ordnen zu, was für informelle und was für formelle Briefe passt. Vergleich im PL. **Lösung:** informell: Hi Isabella; Lieber Max; Grüß dich Daniel; Bis bald Katarina; Liebe Grüße Mechthild; formell: Sehr geehrter Herr Bieber; Lieber Herr Petzold; Liebe Frau Loumiotis; Sehr geehrte Damen und Herren; Sehr geehrte Frau Bauer; Viele Grüße Tamer Atalay; Mit freundlichen Grüßen Tanja Kostadinova	
3b	TN schreiben den Brief. KL oder andere TN korrigieren die Briefe.	

13 Freiwillig

Lernziele/Sprachhandlungen

Sprechen	über eigenes Engagement sprechen; zu ehrenamtlicher Tätigkeit Stellung nehmen; über interkulturelle Erfahrung bei gegenseitiger Hilfe berichten*; sagen, was gemacht werden muss/kann; ein Fest planen
Hören	Statements über ehrenamtliche Tätigkeiten, Telefongespräche verstehen
Schreiben	eine offizielle E-Mail (Zusage/Absage) verfassen; einen Text über einen besonderen Tag schreiben
Lesen	einen Zeitungsartikel über das Ehrenamt in Deutschland verstehen*; eine E-Mail des Arbeitgebers verstehen*
Beruf	Ehrenamt

Lerninhalte

Redemittel	Während ihrer Freizeit engagieren sich viele Leute … | Ziel der ehrenamtlichen Tätigkeit ist … | Die Reifen müssen aufgepumpt werden. | Zuerst …, anschließend … | Also, wie findest du das? – Darf ich etwas anderes vorschlagen?
Wortschatz	ehrenamtliche Tätigkeiten
Grammatik	Präpositionen mit Genitiv | Adjektivendungen im Genitiv | Passiv mit Modalverben
Aussprache	Satzakzent (Kontraste)

	Erläuterungen zum Unterricht	Materialien
1a	TN beschreiben die Fotos. VARIANTE (GA, 3–5 TN): TN beschreiben abwechselnd eins der Fotos, die anderen TN raten, um welches Foto es sich handelt. VARIANTE (PA): TN schreiben kleine Dialoge/Monologe für jedes Foto. Sie lesen sie vor, die TN raten, um welches Foto es sich handelt.	
1b	KL schreibt *Ehrenamt* an. TN hören das Gespräch und fassen im PL zusammen, was sie in der Radiosendung über ein Ehrenamt erfahren. **Lösung:** 13 Mio. Menschen haben sich im letzten Jahr ehrenamtlich engagiert. Ein Ehrenamt ist für andere Menschen und/oder die Gesellschaft wichtig, man bekommt aber kein Geld für diese Tätigkeit.	CD: Track 4.02
1c	TN hören die Aussagen und ordnen zu, welches Foto passt. KL weist darauf hin, dass es für zwei Aussagen kein Foto gibt. Vergleich im PL. **Lösung:** A6; B1; C2; D4; E–; kein Foto zu Aussagen 3, 5	CD: Track 4.03–08
1d	TN hören noch einmal und notieren die Gründe, warum die Personen sich ehrenamtlich engagieren. Vergleich in PA, anschließend im PL. PA: TN sprechen darüber, welche Gründe sie überzeugen, welche eher nicht. **Lösung:** 1. Weil es für behinderte Menschen schwer ist, Kontakt mit anderen zu haben. 2. Weil sie die Natur und die Berge lieben. 4. Man wird sportlich gefordert und kann im Notfall helfen. 6. Sie wollte nicht allein zu Hause sitzen.	CD: Track 4.03–08
	ERWEITERUNG: TN überlegen weitere Gründe für ein Ehrenamt. TN schreiben mögliche (und die im HV genannten) Argumente auf Papierstreifen und erstellen damit ggf. eine ▶ **Kursstatistik**. TN lesen die Papierstreifen vor, stimmen ab und notieren, wie viele TN den Grund überzeugend finden. Sie kleben die Streifen geordnet auf ein Plakat auf.	Papierstreifen, Plakat, Klebstoff

	Erläuterungen zum Unterricht	Materialien
2a	TN lesen den Zeitungsartikel und ordnen die Überschriften den Abschnitten zu. KL weist darauf hin, dass es für zwei Überschriften keinen passenden Absatz gibt. Vergleich in PA, dann im PL. **Lösung:** 1 Ergebnisse einer Studie; 2 Bereiche für ehrenamtliches Engagement; 3 ein Beispiel für ehrenamtliche Tätigkeit; 4. Gründe für ehrenamtliche Tätigkeit	IAW K13-1
2b	KL fragt, welche Fragewörter die TN für W-Fragen kennen, und schreibt sie an die Tafel (*wer, wo, wie, warum, wann, …*). GA (4–5 TN): TN formulieren schriftlich W-Fragen (mit möglichst unterschiedlichen Fragewörtern). Sie lesen die Fragen im Kurs vor, die anderen TN antworten.	

VARIANTE: TN setzen sich mit einer anderen Gruppe zusammen, die Gruppen lesen sich ihre Fragen vor und beantworten die der anderen Gruppe.
VARIANTE: TN schreiben in EA fünf Fragen. Bei einem ▶ **Kursspaziergang** stellen sie anderen TN die Fragen.

2c	TN suchen die Ausdrücke in 2a und ergänzen sie an der richtigen Stelle. **Lösung:** 1. … wegen des Engagements von Helfern; 2. Trotz der Unterstützung; 3. … während des Studiums	
2d	TN ordnen die Ausdrücke aus 2c den Nebensätzen zu. KL erklärt, dass es sich bei *trotz*, *während* und *wegen* um Präpositionen handelt, die den Genitiv fordern (ugs. ist bei *wegen* auch der Dativ akzeptiert). Semantisch drückt *trotz* (wie *obwohl*) einen Gegensatz, *während* Gleichzeitigkeit und *wegen* (wie *weil*) einen Grund aus. KL wiederholt mit den TN die Formen im Genitiv (Artikel, was passiert beim Nomen maskulin, neutrum) und liest die Beispiele. **Lösung:** wegen des Engagements von Helferinnen und Helfern; während des Studiums; Trotz der Unterstützung.	
2e	TN schreiben in EA oder PA die Sätze und benutzen den Genitiv. **Lösung:** 1. Während ihrer Freizeit …; 2. Trotz der Hilfe von vielen Menschen …; 3. Trotz ihres Berufs …; 4. Wegen des Staus …; 5. Während der Arbeitszeit …; 6. Wegen einer Grippe … VARIANTE (GA, 3–4 TN): KL schreibt für jede Gruppe die Satzanfänge auf Kärtchen einer Farbe, die Enden auf Kärtchen einer anderen Farbe. TN ordnen die Kärtchen zu und schreiben die Sätze mit Genitiv. ERWEITERUNG/BINNENDIFFERENZIERUNG: Schnellere TN überlegen sich weitere Sätze mit *während/trotz/wegen*. ERWEITERUNG: Zur Vertiefung machen die TN ÜB 13 2c.	Kärtchen in zwei Farben

	Erläuterungen zum Unterricht	Materialien
3a	TN beschreiben die Fotos. Sie hören das Telefongespräch und markieren, welches Bild zu Lukas Idee passt. TN vergleichen und begründen im PL. **Lösung:** C	CD: Track 4.09
3b	TN lesen zuerst die Aussagen. Dann hören sie das Gespräch noch einmal und kreuzen an. Vergleich im PL. **Lösung:** 1. R; 2. F; 3. R; 4. R; 5. F; 6. R; 7. R	CD: Track 4.09
UND SIE?	Differenzierungsaufgabe GA (3–5 TN): TN entscheiden sich für ein Thema. BINNENDIFFERENZIERUNG: Schnellere Gruppen können über beide Gesprächsvorschläge sprechen. ERWEITERUNG: TN schreiben ein Telefongespräch, in dem Luka anders reagiert, und lesen es im PL vor. ERWEITERUNG: TN schreiben einen Text (evtl. als Hausaufgabe), in dem sie über ein Ehrenamt berichten, dass sie gerne ausführen würden.	

	Erläuterungen zum Unterricht	Materialien
4a	TN lesen den Text schnell (evtl. in einer vorgegebenen Zeit, z. B. zwei Minuten) und fassen im PL zusammen, was Luka tun soll. **Lösung:** Er soll vorbeikommen, sich vorstellen und die Kinder kennenlernen.	
4b	TN lesen den Text noch einmal langsam und markieren die Vorteile der ehrenamtlichen Arbeit in einer, die Nachteile in einer anderen Farbe. Anschließend schreiben sie Vor- und Nachteile in die Tabelle. **Lösung:** Vorteile: …, man lernt eine andere Wirklichkeit kennen; man kann sich austauschen, viel voneinander lernen und neue Freundschaften schließen; Nachteile: man muss sich für eine konkrete Aufgabe verpflichten und Kraft und Energie realistisch einschätzen; vereinbarte Zeiten müssen eingehalten werden, man kann in dieser Zeit kein Geld woanders verdienen.	

4c	TN ergänzen in EA/PA die Verben. Wenn sie nicht sicher sind, können sie im Text in 4a nachlesen. KL klärt ggf. die Bedeutung der Ausdrücke. **Lösung:** 2. einsetzen; 3. gestalten; 4. aufwachsen; 5. verpflichten; 6. lernen; 7. schließen; 8. bekommen; 9. verlassen	
	VARIANTE (GA, 3–5 TN): KL (oder die TN) schreibt die Ausdrücke (für jede Gruppe) auf Kärtchen einer Farbe, die Verben auf Kärtchen einer anderen Farbe. TN spielen ▶ **Memory** bis ihnen die Begriffe geläufig sind. ERWEITERUNG: TN erstellen Lernkärtchen, um die Ausdrücke zu üben. Sie schreiben auf eine Seite die Ausdrücke, auf die andere das passende Verb. TN können allein üben oder sich gegenseitig „abfragen".	Kärtchen in zwei Farben
4d	KL schreibt *Tätigkeit, Zeiten, Engagement* und *Schultag* an und klärt mit den TN das Genus der Nomen. TN lesen die Sätze und markieren die Teile im Genitiv. KL weist darauf hin, dass hier jeweils ein Artikel, ein Adjektiv und ein Nomen im Genitiv stehen. KL lässt die Adjektivendungen farbig markieren und sie in die Tabelle eintragen. KL erklärt, dass die Adjektivendungen im Genitiv, ebenso wie im Dativ, immer *-en* sind.	
4e	TN schreiben in PA mögliche Kombinationen. **Mögliche Lösungen:** die Aufgaben der neuen Mitarbeiter; das Ziel der ehrenamtlichen Tätigkeit; die Aufgaben meines neuen Jobs; die Familie des neuen Chefs; das Haus meiner neuen Nachbarin; die Ehefrau meines besten Freundes	
	ERWEITERUNG/BINNENDIFFERENZIERUNG: Schnellere TN überlegen weitere Wortgruppen, die Genitivformen mit Adjektiven enthalten. Evtl. als Wettspiel in GA gestalten: Die Gruppe, die in einer vorgegebenen Zeit die meisten sinnvollen und korrekten Wortgruppen schreibt, hat gewonnen. ERWEITERUNG (▶ **Kettenübung/Ballrunde**): TN bilden Wortgruppen mit Adjektiven im Genitiv (z. B. *der Schlüssel des großen Hauses*); die nächsten TN bilden eine neue Wortgruppe mit dem zweiten Nomen (z. B. *das Haus meines neuen Nachbarn*) etc. Statt mündlich kann die Aufgabe auch schriftlich ausgeführt werden, die TN schreiben ihre Wortgruppe dazu auf ein DIN-A4-Blatt, das sie an den rechten Nachbarn weitergeben, oder die TN spielen das Domino der KV und formulieren Sätze mit Adjektiven im Genitiv.	Ball, DIN-A4-Blätter KV
4f	Differenzierungsaufgabe: TN schreiben (evtl. als Hausaufgabe) eine E-Mail, in der sie Herrn Fischer antworten. Sie können wählen, ob sie seinem Vorschlag zu- oder absagen möchten, und gehen auf die vorgegebenen Punkte ein.	

	Erläuterungen zum Unterricht	Materialien
5a	TN hören die Sätze und markieren, welcher Teil davon jeweils betont wird. Anschließend ordnen sie die Erklärung zu. **Lösung:** 2. Kinderheim; 3. Luka; 4. will; 5. Melanie; 2. e; 3. d; 4. a; 5. b	CD: Track 4.10
5b	TN schreiben ähnliche Sätze und lesen sie ihren Partnern mit unterschiedlichen Betonungen vor. Die Partner geben die Erklärung wie in 5a.	
	VARIANTE: KL bietet die vorformulierten Sätze der KV an. GA (3–4 TN): Jede/r TN bekommt einen Satz. Die Sätze werden mit der entsprechenden Betonung vorgelesen, die anderen TN geben eine Erklärung wie in 5a, z. B.: *Katja möchte* ***heute*** *mit Rita ins Café gehen. (Heute, und nicht morgen.)*	KV
UND SIE?	TN sprechen im PL über eigene Erfahrungen. Wie ist es in ihren Heimatländern, wenn jemand Hilfe braucht? Gibt es ehrenamtliche Tätigkeiten und wenn ja, in welchen Bereichen? In welchen Situationen hilft die Familie, die Dorfgemeinschaft, Arbeitskollegen, wo gibt es Hilfen vom Staat? Ggf. kann KL diese und weitere Fragen an die Tafel schreiben.	
	VARIANTE: TN diskutieren zuerst in GA (4–5 TN). ERWEITERUNG: TN stellen ein Projekt aus ihrem Heimatland als ▶ **Minipräsentation** vor. Dabei kann es sich um eine ehrenamtliche Tätigkeit, Nachbarschaftshilfe, ein soziales Projekt etc. handeln, in dem beschrieben wird, auf welche Weise hilfsbedürftige Menschen Hilfe bekommen.	

	Erläuterungen zum Unterricht	Materialien
6a	TN betrachten die Bilder von Lukas erstem Tag im Kinderheim und ordnen – ggf. in PA – die Ausdrücke den Bildern zu. **Lösung:** A 3.; B 5.; C 1.; D 6.; E 2.; F 4	IAW K13-2
	ERWEITERUNG (GA, 3–4 TN): KL kopiert und zerschneidet für jede Gruppe die Bildgeschichte. TN ordnen sie chronologisch und ordnen die Ausdrücke zu.	Kopien der Bilder
6b	GA (3–4 TN): TN erzählen mithilfe des Vokabulars aus 6a den Tag nach. VARIANTE: TN schreiben einen Text über Lukas ersten Tag.	
6c	KL zeigt das Schild, ein/e TN liest es laut vor. Die TN ergänzen im PL den Fokuskasten. KL erklärt, dass es sich hier um Passivsätze mit einem Modalverb handelt. Ggf. wiederholt KL mit den TN die Struktur einfacher Passivsätze (*werden* in Position 2, Partizip II am Ende) und weist noch einmal darauf hin, für welche Situationen das Passiv normalerweise verwendet wird (nicht die Person, sondern die Aktion ist wichtig). KL macht deutlich, dass bei Passivsätzen mit Modalverben das Modalverb in Position 2 steht, am Ende des Satzes stehen das Partizip und *werden*. **Lösung:** repariert werden; können ... benutzt werden	
6d	TN schreiben in EA oder PA Passivsätze mit Modalverb. Ggf. kann KL vor der Übung im PL die Partizipien klären. **Lösung:** 2. Die Lampen vom Rücklicht müssen ausgewechselt werden. 3. Das Fahrrad kann angestrichen werden. 4. Eine neue Klingel muss angebracht werden. 5. Alle Fahrräder sollen geputzt werden.	
	ERWEITERUNG: Zur Vertiefung machen die TN ÜB 6c, schnellere TN auch 6d. ERWEITERUNG (GA, 4–5 TN): TN planen Projekte (ein interkulturelles Schulfest, eine Aufräumaktion im Park; eine Hilfsaktion für alte Leute etc.). Sie überlegen, was gemacht werden kann/soll/muss, und halten ihre Ideen auf DIN-A3-Blättern fest. (Beispiele: *Internationale Nachspeisen können gekocht werden. Der Müll soll eingesammelt werden. Die alten Leute müssen zum Arzt begleitet werden.* etc.) Anschließend stellen die TN ihre Projekte im PL vor.	DIN-A3-Blätter
UND SIE?	KL wiederholt mit den TN die Adverbien zur zeitlichen Strukturierung. TN machen Notizen über ihren Tagesablauf und schreiben dann den Text auf ein DIN-A3-Blatt. Die Texte werden vorgelesen und im Kursraum aufgehängt. VARIANTE: TN schreiben die Texte, ohne ihren Namen zu erwähnen. KL sammelt die Texte ein, liest sie vor oder verteilt sie zum Vorlesen neu. Die TN raten, wer den Text geschrieben hat.	DIN-A3-Blätter

	Erläuterungen zum Unterricht	Materialien
7a	TN hören das Telefongespräch und fassen Herr Fischers Idee zusammen. **Lösung:** Er möchte zum Sommerfest eine Fahrradtour organisieren.	CD: Track 4.11
7b	TN hören noch einmal und kreuzen die richtigen Lösungen an. **Lösung:** 1. b; 2. a; 3. b	CD: Track 4.11
7c	KL liest mit den TN die Redemittel. GA (3–5 TN): TN sammeln weitere Redemittel. TN vergleichen die Vorschläge im PL und erstellen Redemittelplakate, die im Kursraum aufgehängt werden.	Plakate
7d	KL erklärt, dass die TN in PA ein Sommerfest planen sollen. Ggf. kann er/sie darauf hinweisen, dass es sich hierbei um eine typische Aufgabe der B1-Prüfung handelt. TN notieren zuerst alleine Ideen zu den vorgegebenen Punkten und planen das Sommerfest dann mit Partnern. ERWEITERUNG: Zur Vorbereitung kann ÜB 7a d gemacht werden.	
VORHANG AUF	Differenzierungsaufgabe: TN bereiten die beiden Situationen vor und spielen sie an. Einige Dialoge können im PL vorgespielt werden. BINNENDIFFERENZIERUNG: Langsamere TN entscheiden sich für eine Situation.	

14 Ein neues Zuhause

Lernziele/Sprachhandlungen

Sprechen	Vermutungen ausdrücken; über Freizeit und Hobby sprechen; Telefongespräche führen; die eigene Meinung zu Carsharing äußern; eine Präsentation machen
Hören	ein Interview, die telefonische Anmeldung in der Musikschule*, eine Präsentation verstehen
Schreiben	einen Notizzettel schreiben
Lesen	einen Zeitungstext*, einen offiziellen Brief der Musikschule, einen Werbetext verstehen
Beruf	in einer Musikschule

Lerninhalte

Redemittel	Ich nehme an, dass ... | Was machen Sie in Ihrer Freizeit? | Können Sie mich bitte mit Herrn/Frau ... verbinden? | Das ist die Trompete, von der ich schon lange träume. | In der Stadt, wo die Parkplätze knapp sind, ... | Das Thema meiner Präsentation lautet ... | Deine Präsentation hat mir gut gefallen.
Wortschatz	Umzug, sich Einleben
Grammatik	n-Deklination | Relativsätze mit Präposition | Relativsätze mit *wo* und *was*
Aussprache	Vokale trainieren

	Erläuterungen zum Unterricht	Materialien
1a	TN beschreiben die Fotos und lesen den Text. Sie fassen im PL zusammen, was sie über die Familie Kulagin erfahren. **Lösung:** Familie Kulagin ist aufs Land gezogen, der Umzug hat 14 Tage gedauert und es gefällt ihnen sehr gut.	
1b	PA: TN enscheiden sich für zwei der drei Fotos und sammeln passende Wörter dazu, ggf. mithilfe eines Wörterbuchs. Vergleich im PL. **Mögliche Lösungen:** A: Trompete, Musik, Instrument, ...; B: Natur, fotografieren, Kamera, ...; C: Garten, Blumen, Bäume, ... BINNENDIFFERENZIERUNG: Langsamere TN wählen nur ein Foto, schnellere TN sammeln Wörter zu allen Fotos.	
1c	TN hören das Gespräch zwischen Sofia und ihrer Freundin und machen Notizen, was sie über den Umzug der Kulagins erfahren. Vergleich im PL. **Lösung:** 38 Kartons; alle haben beim Einpacken geholfen; Spedition hat die Kartons in das neue Haus transportiert; Dinge, die nicht gebraucht wurden, verschenkt oder entsorgt; Dauer: fast drei Wochen; Einladung am Samstag	CD: Track 4.16
	VARIANTE/ERWEITERUNG: TN beantworten die Fragen der KV beim ersten (Variante) oder zweiten Hören (Erweiterung).	KV
1d	TN überlegen erst in GA, dann im PL, warum die Familie Kulagin aufs Land gezogen ist. ERWEITERUNG: TN sprechen im PL darüber, ob sie lieber in der Stadt oder auf dem Land wohnen (würden) und warum.	

	Erläuterungen zum Unterricht	Materialien
2a	KL schreibt *Neue Nachbarn* an und fragt die TN, was ihnen dazu einfällt. TN beschreiben das Foto, hören das Gespräch und fassen es im PL zusammen. **Lösung:** Heidi und Martin Schmidt sind die neuen Nachbarn. Sie bringen Familie Kulagin einen Kuchen, um sie willkommen zu heißen und sich vorzustellen. Herr Schmidt will Anton für die Regionalzeitung interviewen.	CD: Track 4.17
2b	KL fragt, wie es in den Heimatländern der TN ist, wenn sie umziehen oder sie neue Nachbarn bekommen. Stellt man sich vor? Macht man ein Geschenk? Was ist üblich in dieser Situation?	
2c	KL fragt die TN, welche Hobbys ihnen spontan einfallen, und schreibt die Vorschläge an. TN hören das Interview und markieren, welche Hobbys Anton hat. **Lösung:** Fotos bearbeiten; Rad fahren; wandern	CD: Track 4.18

2d	TN hören noch einmal und kreuzen an. **Lösung:** 1. R; 2. F; 3. R; 4. F; 5. F; 6. R; 7. F	CD: Track 4.18
2e	TN überlegen in PA, welche Begriffe zusammenpassen. KL weist darauf hin, dass mehrere Kombinationen möglich sind. **Mögliche Lösungen:** Mitglied sein/bleiben; Sport machen/treiben; Briefmarken sammeln/haben; zu Hause bleiben/sein/sitzen/arbeiten; im Garten sein/bleiben/sitzen/arbeiten; Filme drehen/machen; Fotos machen/haben/bearbeiten; Klavier spielen; Rad fahren; Spaß machen/haben; Reportagen machen/schreiben; ins Internet stellen; Pilze sammeln; Wanderungen organisieren VARIANTE (GA, 3–4 TN): TN schreiben in einer bestimmten Zeit möglichst viele Kombinationen. Die Gruppe mit den meisten richtigen Lösungen gewinnt. ERWEITERUNG (▶ **Kettenübung/Ballrunde**): Ein/e TN gibt ein Nomen vor, der/die nächste TN nennt ein passendes Verb usw.	Ball
2f	KL liest mit den TN die Vorschläge für ungewöhnliche Hobbys. TN überlegen im PL, wie diese Hobbys genau aussehen, wo, wann und wie oft man sie macht und was man dazu braucht. GA (3–4 TN): TN überlegen ein weiteres ungewöhnliches Hobby, machen Notizen dazu und stellen es im PL vor. Die TN können einen Text (ggf. mit Zeichnung) verfassen, auf dem sie das Hobby vorstellen. TN stimmen ab, welches Hobby sie am witzigsten finden.	DIN-A3-Papier
UND SIE?	a) + b) TN lesen die Fragen und machen Notizen zu einem oder mehreren ihrer Hobbys. PA: TN interviewen sich gegenseitig und verwenden die KV. c) TN stellen die Freizeitaktivitäten ihres Partners/ihrer Partnerin einem anderen TN oder im PL vor.	KV

	Erläuterungen zum Unterricht	**Materialien**
3a	TN lesen die drei Überschriften und überlegen, welche Informationen ein Artikel mit dieser Überschrift enthalten könnte. Sie lesen den Artikel, ordnen die passende Überschrift zu und begründen ihre Wahl. **Lösung:** 2	
3b	TN lesen den Text noch einmal und notieren, in welchen Zeilen sie die genannten Aussagen lesen können. Vergleich im PL. **Lösung:** 1. Z. 5–7; 2. Z. 16–18; 3. Z. 18–20; 4. Z. 14–16	
3c	KL liest mit den TN die Beispiele im Fokuskasten und erklärt, dass bei Nomen mit n-Deklination alle Formen außer Nominativ Singular die Endung -n bekommen; weitere Beispiele: *der Junge, Kunde, Deutsche, Journalist, Tourist, Kandidat …* TN ergänzen in PA das Nomen in der richtigen Form. **Lösung:** Nachbar, Nachbarn, Nachbarn, Nachbarn ERWEITERUNG (GA, 3–4 TN): Jede Gruppe wählt ein Nomen der n-Deklination und bereitet einen ähnlichen Lückentext vor. Eine andere Gruppe füllt die Lücken aus und achtet darauf, ob das Nomen ein -n bekommt oder nicht. ERWEITERUNG/BINNENDIFFERENZIERUNG: Zur Vertiefung machen TN ÜB 3b, schnellere TN machen auch 3c und 3d.	
3d	TN lesen den Arktikel noch einmal und markieren, was die Gemeinde für die Einwohner tut. Vergleich im PL. TN sammeln im PL, was die Gemeinde noch tun könnte, damit die Menschen sich zu Hause fühlen. **Lösung:** Krippen und Kindergärten mit Sprachförderung; Hausaufgabenbetreuung; Bau von Wohnungen; mehr Freizeitangebote für junge Menschen; eine Jugend-Bücherei; ein Jugendclub; bessere Infrastruktur ERWEITERUNG (GA, 3–5 TN): TN entwerfen ein Projekt für die Gemeinde für das nächste Jahr. Dabei soll sowohl an Angebote für alteingesessene Bürger als auch an die Integration von neuen Bürgern gedacht werden (evtl. kann KL ein bestimmtes Budget vorgeben). Die Gruppen stellen ihre Vorschläge im PL vor und diskutieren darüber, welche Initiativen vielversprechend sind.	

	Erläuterungen zum Unterricht	Materialien
4a	TN lesen den Text schnell (evtl. in einer vorgegebenen Zeit) und fassen im PL zusammen, wer Heike Friedrich ist und warum sie diesen Brief schreibt. **Lösung:** Heike Friedrich arbeitet an der Musikschule und informiert, dass der Kurs für Sascha nicht zustande kommt. Sie bietet eine Alternative an.	IAW K14-1
4b	TN lesen den Brief noch einmal und ergänzen den Notizzettel. **Lösung:** 1. Fortgeschrittenenkurs; 2. Dienstag und Donnerstag; 3. 15:00–15.45, 4. Herr Mainowski	
4c	TN hören das Telefongespräch und notieren die Informationen. **Lösung:** Der Kurs findet in Raum 130 statt.	CD: Track 4.19
4d	Beim zweiten Hören bringen die TN die Phasen in die richtige Reihenfolge. **Lösung:** ... den Grund des Anrufs nennen; nachfragen; um Wiederholung bitten; sich bedanken und verabschieden	CD: Track 4.19
4e	KL liest mit den TN die Redemittel und klärt ggf. Vokabular. TN ordnen die Phasen aus 4d den Redemitteln zu. **Lösung:** siehe Reihenfolge bei 4d VARIANTE (GA 3–5 TN): KL schreibt für jede Gruppe die Redemittel auf Papierstreifen. TN ordnen die Redemittel den Phasen zu. Vergleich im PL. ERWEITERUNG: Die Redemittel auf den Papierstreifen werden auf Plakate aufgeklebt und als Redemittelposter im Kursraum aufgehängt.	 Redemittel auf Papierstreifen Plakate
UND SIE?	Differenzierungsaufgabe (PA): TN entscheiden sich für eine Alternative und wählen eine Situation, die sie (in D-A-CH) vielleicht schon einmal bewältigen mussten. Sie bereiten sich vor und spielen sie frei.	

	Erläuterungen zum Unterricht	Materialien
5a	KL fragt die TN, welche Probleme es mit Saschas Trompetenkurs geben könnte, TN machen Vorschläge. TN hören das Gespräch und fassen im PL zusammen, welches Problem es gibt und wie es gelöst wird. **Lösung:** Unterricht muss von Dienstag auf Mittwoch verlegt werden, weil die anderen Teilnehmer dienstags nicht können. Sascha bekommt heute Einzelunterricht.	CD: Track 4.20 IAW K14-2
5b	TN lesen die Sätze und hören das Gespräch dann noch einmal. Sie markieren, welche der beiden Sätze sie hören. **Lösung:** 1. b); 2. a); 3. a)	CD: Track 4.20
5c	TN lesen die Sätze aus 5b noch einmal und ergänzen den Fokuskasten. KL erklärt, dass es sich hier um Relativsätze handelt, die eine Präposition erhalten. Er/Sie erklärt die Struktur (*jemanden angemeldet haben FÜR ...; der Unterricht ist AN den Tagen ...; jemand ist motiviert FÜR ...*) und weist darauf hin, dass der Kasus des Relativpronomens davon abhängt, welchen Kasus die Präposition fordert (*für* + A., *an* + D. usw.).	
5d	KL liest mit den TN die Sätze und schreibt an, mit welcher festen Präposition und welchem Kasus das Verb verwendet wird (*spielen mit* + D.; *lernen in* + D.; *sich interessieren für* + A., *denken an* + D.). TN schreiben – ggf. in PA – Relativsätze. Vergleich im PL. **Lösung:** 2. Die Musikschule, in der ich ein Instrument lerne, liegt in der Stadt. 3. Mozart ist ein Komponist, für den ich mich sehr interessiere. 4. Ich übe gerade eine Melodie, an die ich immer denken muss.	
5e	GA (3–4 TN): TN schreiben mögliche Relativsätze aus den vorgegebenen Strukturen. Die Übung kann als Wettspiel gestaltet werden, indem KL eine Zeit vorgibt. Die Gruppe mit den meisten richtigen Sätzen hat gewonnen. ERWEITERUNG/BINNENDIFFERENZIERUNG: Zur Vertiefung machen TN ÜB 5c, schnellere TN machen auch 5d. ERWEITERUNG: TN kleben Fotos aus Zeitschriften auf ein DIN-A3-Blatt und schreiben Relativsätze mit Präposition dazu (z. B.: *Das ist der Schauspieler, mit dem wir gerne einen Kaffee trinken würden.* usw.). Die Blätter werden im Kursraum aufgehängt. Ggf. sammelt KL mit den TN zuerst an der Tafel Verben mit festen Präpositionen, die sie verwenden können.	 DIN-A3-Blätter, Schere, Klebstoff

	Erläuterungen zum Unterricht	Materialien
6	TN hören das Lied. KL erklärt, dass es sich hier um ein (leicht abgewandeltes) sehr bekanntes, deutsches Kinderlied handelt. TN singen oder sprechen mit. ERWEITERUNG: Wenn die TN andere einfache deutsche Lieder kennen, können sie das Spiel mit den Vokalen an diesen ausprobieren.	CD: Track 4.21

	Erläuterungen zum Unterricht	Materialien
7a	TN lesen Sofias Notiz und fassen im PL zusammen, welches Problem es gibt und warum Familie Kulagin ein zweites Auto braucht. **Lösung:** Sofia muss ihren Sohn zur Musikschule bringen und selbst in den Deutschkurs. Sie hat kein Auto und der Bus fährt sehr selten. ERWEITERUNG: KL fragt die TN, ob sie ein Auto besitzen oder öffentliche Transportmittel, ein Fahrrad, Motorrad etc. benutzen. Wie kommen sie zum Deutschkurs, zur Arbeit, zu Freunden? Sind sie damit zufrieden? Welche Vor- und Nachteile hat ihre Art, sich fortzubewegen?	
7b	TN lesen den Text über Carsharing und kreuzen die richtigen Lösungen an. **Lösung:** 1. R; 2. F; 3. R; 4. F; 5. R	
7c	TN lesen den Text noch einmal und ergänzen die Relativsätze in der Tabelle. **Lösung:** wo; was	
7d	KL liest mit den TN den Fokuskasten und erklärt, dass auch *wo* und *was* Relativpronomen sein können. *Wo* als Relativpronomen gibt eine Information über den Ort, *was* bestimmt Allgemeines näher. TN scheiben – ggf. in PA – Relativsätze mit *wo* und *was*. **Lösung:** 2. …, wo seine Kunden wohnen. 3 …, was ich wissen wollte. 4. …, wo er Trompete lernt. 5. …, was ganz interessant war. ERWEITERUNG/BINNENDIFFERENZIERUNG: Zur Vertiefung machen TN ÜB 7b, schnellere TN machen auch 7c.	
UND SIE?	TN sprechen im PL darüber, wie sie Carsharing finden. Haben Sie diese Möglichkeit schon genutzt oder würden sie sie nutzen? Kennen sie jemanden, der Carsharing ausprobiert hat? Wie waren die Erfahrungen? ERWEITERUNG: TN informieren sich im Internet, ob ihre Kursstadt Carsharing anbietet und wie die Konditionen sind. TN sprechen im PL darüber.	Internet

	Erläuterungen zum Unterricht	Materialien
8a	KL fragt die TN, ob sie schon einmal etwas im Deutschkurs präsentiert haben und zu welchen Themen. Wie waren ihre Erfahrungen? Was war positiv, was war negativ? KL erinnert die TN, dass die Präsentation auch einen Teil der mündlichen B1-Prüfung ausmacht. TN hören den Anfang von Sofias Präsentation im Deutschkurs und notieren das Thema. **Lösung:** Leben in der Stadt oder Leben auf dem Land?	CD: Track 4.22
8b	TN hören den zweiten Teil und beschriften die Folien. **Lösung:** Folie 2: Meine persönliche Erfahrung; Folie 3: Vor- und Nachteile und eigene Meinung; Folie 4: Die Situation in meinem Heimatland; Folie 5: Abschluss und Dank	CD: Track 4.23
8c	TN ordnen die Redemittel den Folien zu. **Lösung:** Zeile 1: 2, 3, 3; Zeile 2: 5, 4; Zeile 3: 5, 3; Zeile 4: 4, 3, 5; Zeile 5: 1 ERWEITERUNG: TN gestalten Redemittelplakate und hängen sie auf.	Plakate
8d	PA: Beide Partner bereiten sich auf eine Präsentation vor und tragen sie ihren Partnern vor, die sie beurteilen und eine Frage stellen. VARIANTE: Ein/e TN wählt eines der Themen von ÜB 8b, damit nicht beide TN über das gleiche Thema sprechen. ERWEITERUNG: TN füllen die KV aus. Dann sprechen sie mit dem/der Partner/in darüber, was gut war und was man noch besser machen könnte.	Video 7 KV
VORHANG AUF	Differenzierungsaufgabe (PA): TN entscheiden sich für eine Situationen, bereiten sie vor und spielen sie dann im PL oder vor einer anderen Gruppe vor.	

Haltestelle G

	Erläuterungen zum Unterricht	Materialien
1a	KL erklärt, dass die TN einen Beitrag zum Thema „Besondere Orte" hören werden, und fragt nach besonderen Orten (in Heimatstadt, Kursort, anderer Stadt; wo sie sich wohlfühlen, die sie ungewöhnlich, originell etc. finden). Ggf. kann KL Beispiele vorgeben (Museum, Flussufer, Markt, Café etc.). TN beschreiben anschließend, was sie auf den Fotos sehen, und überlegen, warum das Tempelhofer Feld in Berlin ein besonderer Ort sein könnte.	
1b	TN lesen die Fragen und hören die Radiosendung. TN machen Notizen zu den Fragen, vergleichen erst in GA (3–4 TN), dann im PL.	CD: Track 4.34
	BINNENDIFFERENZIERUNG (drei Gruppen): Jede Gruppe konzentriert sich auf eine Person. Anschließend Informationsaustausch in Wirbelgruppen.	
1c	TN sprechen im PL darüber, ob sie ähnliche Projekte kennen.	
	ERWEITERUNG (GA, 3–4 TN): TN informieren sich über ein Projekt und stellen es im PL vor (z. B. die Umwandlung der Stadtautobahn in einen Park in Madrid: https://www.welt.de/reise/staedtereisen/article106157967/In-Madrid-ist-ein-Park-der-Superlative-entstanden.html) oder die aus einem Industriegebiet entstandene Zeche Zollverein (https://www.zollverein.de/; vgl. Kapitel 8).	Internet

	Erläuterungen zum Unterricht	Materialien
2a	KL liest mit den TN die Redemittel. PA: Ein/e TN liest vor, der/die Partner/in wiederholt das Verstandene und fragt nach den Punkten, die nicht klar geworden sind. Danach tauschen sie die Rollen.	
2b	TN schreiben eigene Texte wie in 2a. Sie können einen ▶ **Kursspaziergang** machen. Sie lesen ihn mehreren TN vor, diese reagieren wie in 2a.	

	Erläuterungen zum Unterricht	Materialien
3	PA/GA: TN wählen ein Bild (bei kleinen Gruppen mehrere Bilder) und überlegen, wie sie es im PL darstellen können (Monolog, Dialog, ▶ **Pantomime**, Beschreibung). Jede Gruppe präsentiert ihr Foto im PL, die anderen raten.	
	VARIANTE: KL verteilt Kopien der Bilder an die Gruppen. Jede Gruppe bereitet wie oben eine Vorstellung für ein oder mehrere Bilder vor. Ggf. kann KL Zettel mit *Monolog, Dialog, Pantomine, Beschreibung* beschriften und die TN ziehen lassen. Die Fotos müssen dann je nach Zettel dargestellt werden.	Kopien der Bilder

	Erläuterungen zum Testtraining	Materialien
1	DTZ, Lesen Teil 1: KL liest und klärt mit den TN die Tipps und die Prüfungsaufgabe. TN lösen die Aufgabe. Vergleich im PL. **Lösung:** 1a; 2a (Bürgerengagement); 3b (Personaldokumente); 4a (Anerkennung von ausländischen Zeugnissen); 5b	
2	Goethe/ÖSD-Zertifikat, Sprechen Teil 2: Ein Thema präsentieren. KL liest mit den TN das Beispiel und klärt ggf. Vokabular. a) PA: TN bereiten jeweils eins der genannten Themen vor. Sie stellen sich gegenseitig ihr Thema vor. b) TN machen weiter mit Übung 3.	
3	Goethe/ÖSD-Zertifikat, Sprechen Teil 3: Über ein Thema sprechen. KL liest mit den TN die Aufgabe und die Redemittel, die bei der Aufgabe hilfreich sind. TN geben Rückmeldung und stellen eine Frage dazu.	

15 Weltstadt Wien

Lernziele/Sprachhandlungen

Sprechen	über Sehenswürdigkeiten sprechen; ein Wochenende planen; Verkaufsgespräche führen; eine Wegbeschreibung geben*; über das Leben in mehreren Kulturen sprechen*
Hören	Ausschnitt aus einer Stadtführung, ein Gespräch über Besichtigungspläne, eine Wegbeschreibung, einen Podcast zum Wiener Dialekt verstehen
Schreiben	einen Text über Urlaubspläne verfassen
Lesen	einen E-Mail-Austausch vor einem Besuch in Wien, Veranstaltungshinweise, einen touristischen Informationstext, einen biografischen Blog verstehen
Beruf	Stadtführer/in

Lerninhalte

Redemittel	Ich war mal in ... | Ich möchte nach Wien fahren, deshalb ... | Ich will in die Oper gehen, obwohl ... | Ich würde gern am Samstag zuerst ... – Ach nein, lass uns doch ... | Gehen Sie an der Kreuzung ... | Seit ich in Deutschland lebe ...
Wortschatz	Wegbeschreibung; Sehenswürdigkeiten; Wiener Wörter
Grammatik	Konnektoren (Überblick) | Adjektive ohne Artikel
Aussprache	Wienerisch

	Erläuterungen zum Unterricht	Materialien
1a	KL schreibt *Wien* an und fragt die TN, was ihnen dazu einfällt. KL sammelt die Vorschläge. KL fragt die TN, ob sie schon einmal in Wien waren und was sie dort gemacht bzw. gesehen/besichtigt haben. Danach betrachten die TN die Bilder und hören, über welche Wiener Sehenswürdigkeiten Faris spricht. **Lösung:** die Karlskirche; der Naschmarkt; das Kunsthistorische Museum	CD: Track 4.35 IAW K15-1
1b	TN hören noch einmal und kreuzen an. **Lösung:** 1. R; 2. F; 3. F; 4. R; 5. R ERWEITERUNG/BINNENDIFFERENZIERUNG: TN hören ein weiteres Mal und machen Notizen, welche weiteren Informationen sie zur Karlskirche, zum Kunsthistorischen Museum und zum Naschmarkt bekommen (evtl. auch in drei Gruppen: Jede Gruppe konzentriert sich auf eine Sehenswürdigkeit).	CD: Track 4.35
1c	GA (3–5 TN): TN sprechen über Städte, die sie besucht haben, und deren Sehenswürdigkeiten. Zusammenfassung der Ergebnisse im PL. ERWEITERUNG (▶ **Minipräsentation**): TN stellen eine Sehenswürdigkeit vor. ERWEITERUNG: TN schreiben einen Text über eine bekannte Sehenswürdigkeit. Ggf. werden die Texte im PL vorgelesen, ohne die Sehenswürdigkeit zu nennen. Die anderen TN raten. Die Texte können im Kursraum aufgehängt werden.	

	Erläuterungen zum Unterricht	Materialien
2a	TN lesen zuerst die Aussagen und dann die beiden E-Mails und korrigieren. **Lösung:** 1. Ben macht einen Kurs in Wien. 2. Faris bietet ihm an, bei ihm zu wohnen. 3. Faris arbeitet als Stadtführer. 4. Faris kennt Wien sehr gut. ERWEITERUNG (GA): TN schreiben in PA weitere fehlerhafte Aussagen und tauschen sie mit einer anderen Gruppe, die sie korrigiert.	
2b	TN verbinden die Sätze und markieren die Verben im zweiten Teil. KL erinnert die TN daran, dass sich je nach Konnektor die Wortstellung ändern kann, es kann ein neuer Hauptsatz (mit dem Verb in Position 2 und dem Konnektor in Position 0), ein Nebensatz (mit dem Verb am Ende) oder ein Hauptsatz (mit Inversion und Verb in Position 2) folgen. TN lesen noch einmal die Sätze und ordnen die Konnektoren in die Tabelle ein. **Lösung:** 2. f); 3. c); 4. e); 5. b); 6. a); Tabelle: und; wenn, weil, dass; deshalb	

ERWEITERUNG/BINNENDIFFERENZIERUNG: Zur Vertiefung machen TN im ÜB 2b, c und d, schnellere TN machen auch 2e.
BINNENDIFFERENZIERUNG: Schnellere TN schreiben noch eigene Aussagen.

UND SIE? Differenzierungsaufgabe: KL liest die Redemittel mit den TN. TN entscheiden, ob sie über die Planung eines (fiktiven) Urlaubs in Wien oder in einer anderen Stadt schreiben wollen. Dazu verwenden sie die Strukturen und mindestens einen Konnektor aus jeder Gruppe. Die Texte können im Kurs vorgelesen werden.

	Erläuterungen zum Unterricht	Materialien
3a	KL liest mit den TN die vier Fragen. TN hören den Dialog und beantworten die Fragen. Vergleich im PL. **Lösung:** 1. Der Zug war sehr voll, aber er hat sich gut unterhalten. 2. Am Montag. 3. Von jetzt bis Sonntagabend. 4. Kaiserschmarrn.	CD: Track 4.36
3b	TN lesen die Veranstaltungshinweise und markieren wichtige Informationen. Ggf. sprechen sie in PA darüber, um welches Angebot es sich dabei handelt (Pferdevorstellung; Museen; Markt für Essen und Trinken; Vergnügungspark; Theaterstück; Kino) und suchen für die Wünsche von Faris, Ben und Hannes ein Angebot. KL weist darauf hin, dass es für einen Wunsch kein Angebot gibt. **Lösung:** 1. F; 2. E 3. C; 4. X ; 5. B	
3c	TN hören das Gespräch und markieren die Hinweise, über die die Freunde sprechen. **Lösung:** Spanische Hofreitschule; Naschmarkt; Prater	CD: Track 4.37
3d	TN hören noch einmal und kreuzen an. Vergleich im PL. **Lösung:** 1. F; 2. R; 3. R; 4. F	CD: Track 4.37
3e	Differenzierungsaufgabe: TN entscheiden sich für ein Thema. ERWEITERUNG: TN informieren sich zuerst im Internet über die Sehenswürdigkeiten von Wien, ihrer Heimat- oder Kursstadt. Dann stellen sie ihre Pläne im Kurs vor. Nützliche Links für Wien sind: www.wien.info/de; www.srs.at; www.mqw.at; www.naschmarkt-vienna.com; www.prater.at.	

	Erläuterungen zum Unterricht	Materialien
4a	KL fragt die TN, ob sie schon Märkte in D-A-CH besucht haben und wie ihnen diese gefallen. KL zeigt ggf. Bilder des Wiener Naschmarkts. GA (3–4 TN): TN lesen die Informationen und schreiben Fragen mit den vorgegebenen (und weiteren) Fragewörtern. Sie stellen sich die Fragen gegenseitig in der Gruppe. **Mögliche Fragen:** Wo liegt der Naschmarkt?; Wie alt ist er?; Seit wann gibt es den Naschmarkt?; Woran erinnert der Naschmarkt?; Wie viele Verkaufsstände und Geschäfte gibt es?; Woher kommen die Lebensmittel? usw. VARIANTE: TN formulieren die Fragen in der Gruppe und stellen sie einer anderen Gruppe.	IAW K15–2 Bilder des Wiener Nachmarkts
4b	TN lesen den Text noch einmal und suchen die passenden Adjektive. **Lösung:** viele Kulturen = multikulturell; die ganze Zeit = permanent; zu Hause = heimisch; von weit her und unbekannt = exotisch; schmeckt gut = lecker VARIANTE (Wettspiel): KL liest die Umschreibungen vor; wer das passende Adjektiv zuerst im Text findet, bekommt einen kleinen Preis (ein Bonbon o. Ä.).	
4c	TN lesen den Text noch einmal, markieren die Adjektivendungen und tragen sie in die Tabelle ein. KL bittet die TN, die angegebenen bestimmten Artikel in der Tabelle anzusehen und fragt, was ihnen dabei auffällt. (Die Adjektive ohne vorhergehenden Artikel haben die gleichen Endungen wie der bestimmte Artikel.) KL weist darauf hin, dass Adjektive ohne Artikel seltener vorkommen als mit Artikel, aber typisch für die „reduzierte“ Sprache sind, wie sie z. B. in Anzeigen vorkommt (*Verkaufe billiges Sofa mit passenden Kissen* statt *Ich verkaufe ein billiges Sofa mit den passenden Kissen*). **Lösung:** historischen, historischem; kulturelles, kulturelles, kulturellem; exotische, exotische, exotischen	

	ERWEITERUNG: Zur Vertiefung machen die TN ÜB 4b. ERWEITERUNG: Ggf. wiederholt KL mit den TN noch einmal die Adjektivdeklination beim bestimmten und unbestimmten Artikel und die TN machen anschließend ÜB 4a. Vergleich im PL.	
4d	TN gestalten einen „Markt" und schreiben auf Schilder, was sie im Angebot haben. Dazu benutzen sie Adjektive ohne Artikel. KL teilt den Kurs in zwei Gruppen. Zuerst „verkauft" Gruppe 1, die anderen TN spielen die „Kunden", die sich informieren und einkaufen, dann tauschen die TN die Rollen. VARIANTE: TN schreiben in PA die Schilder als Lückentexte (z. B. *wertvoll... Tisch, schön... Bild* usw.). Eine andere Gruppe ergänzt die Endungen.	Schilder, dicke Filzstifte
UND SIE?	TN sprechen im PL darüber, welche Art von Märkten es in ihren Heimatländern gibt und was man dort einkaufen kann. ERWEITERUNG: TN informieren sich über einen möglichst ungewöhnlichen Markt und stellen ihn im PL vor.	

	Erläuterungen zum Unterricht	**Materialien**
5a	KL zeigt den Stadtplan. TN hören das Telefongespräch und markieren die Orte, die sie hören, auf dem Plan. **Lösung:** Schwedenplatz, Rathaus, Parlament, Burgtheater, Stephansdom	CD: Track 4.38
5b	TN hören ggf. noch einmal und beantworten die Fragen **Lösung:** 1. am Schwedenplatz; 2. Rotenturmstraße; 3. ins Beisl oder Kaffeehaus gehen	
5c	KL erklärt die Präpositionen *gegenüber, entlang* und *um ... herum* anhand der Symbole in 5a. Ggf. kann er/sie die Präpositionen noch mit Gegenständen im Kursraum verdeutlichen (zwei TN stehen einander gegenüber, an der Wand/einem Tisch entlanggehen, um einen Stuhl herum gehen o. Ä.) und darauf hinweisen, dass *um ... herum* und *entlang* einen Akkusativ, *gegenüber* einen Dativ fordern. TN setzen die Präpositionen anhand des Stadtplans ein. **Lösung:** 1. um ... herum; 2. entlang; 3. gegenüber ERWEITERUNG: TN machen ÜB 5a.	Video 8
5d	KL sammelt mit den TN an der Tafel Redemittel für Wegbeschreibungen. **Mögliche Lösungen:** Gehen Sie die erste/zweite/dritte ... Straße/Kreuzung rechts/links. Da ist rechts/links ... VARIANTE: TN schreiben die Redemittel mit passenden Zeichnungen auf Plakate und hängen sie im Kursraum auf.	Plakate, dicke Stifte
5e	PA: Die TN stellen sich vor, sie befinden sich am Stephansdom. Sie fragen sich gegenseitig: „Wie komme ich zum/zur ..." und beschreiben sich den Weg. VARIANTE: TN fragen nach Orten in der Nähe der Sprachschule und beschreiben sich gegenseitig den Weg. ERWEITERUNG (PA): TN erhalten die KV, ein/e TN ist A, der/die andere B. Sie überlegen, wo sich die vorgegebenen Gebäude befinden und zeichnen sie in ihren Stadtplan ein, ohne dass der/die Partner/in es sieht. TN fragen sich gegenseitig nach dem Weg und beschreiben ihn. Dabei sollen die erarbeiteten Redemittel und die Präpositionen *um ... herum, entlang* etc. benutzt werden.	KV

	Erläuterungen zum Unterricht	**Materialien**
6a	KL schreibt die Überschrift des Textes an und fragt die TN nach der Bedeutung von *Migrationshintergrund*. KL klärt ggf. die Bedeutung. TN lesen den Text relativ schnell (z. B. in zwei Minuten, ▸ **globales Lesen**) und fassen im PL zusammen, in welchen Kulturen Ased zu Hause ist und wie sie sich dabei fühlt. **Lösung:** In Ägypten und in Österreich; sie muss mit beiden Kulturen klarkommen.	
6b	TN lesen den Artikel noch einmal und kreuzen an. **Lösung:** 1. F; 2. F; 3. F; 4. R; 5. F; 6. R ERWEITERUNG (PA): TN schreiben Fragen zum Text, eine andere Gruppe beantwortet die Fragen.	

6c	TN lesen den Artikel noch einmal und markieren die vorgegebenen Ausdrücke im Text. GA (3–5 TN): TN klären die Bedeutung der Ausdrücke und schreiben Sätze. Wenn keine/r der TN die Begriffe kennt und sie auch im Kontext nicht klar werden, können die TN ein Wörterbuch verwenden. VARIANTE (GA): TN klären die Ausdrücke mithilfe eines Wörterbuches. Danach wählen sie einen Ausdruck aus, ohne ihn zu nennen, und versuchen, der Gruppe den Ausdruck deutlich zu machen, z. B. als ▶ **Pantomime**, mit einer Zeichnung, einer Definition, einem Beispielsatz. Die anderen TN raten. VARIANTE/BINNENDIFFERENZIERUNG: TN ordnen die Ausdrücke der KV den Erklärungen zu und setzen sie danach in die Sätze ein. Vergleich im PL.	ein- oder mehrsprachiges Wörterbuch KV
UND SIE?	GA/PL: TN sprechen über ihre Erfahrungen. Was finden sie an ihrer eigenen Kultur gut und was nicht so gut? Welche anderen Kulturen haben sie kennengelernt? Welche Erfahrungen haben sie gemacht? In welchen Situationen fanden sie das Leben in mehreren Kulturen bereichernd, wo eher kompliziert?	

	Erläuterungen zum Unterricht	**Materialien**
7a	TN hören den Anfang eines Vortrages und sprechen darüber, was Thema ist. **Lösung:** die Varianten von Hochdeutsch, hier speziell der Wiener Dialekt und seine besonderen Ausdrücke ERWEITERUNG: KL fragt die TN, ob es in ihren Sprachen Dinge gibt, für die es mehrere Bezeichnungen gibt, wie z. B. regionale Unterschiede, Dialekte oder Varianten in anderen Ländern mit der gleichen Sprache (z. B. die Unterschiede zwischen Spanisch in Spanien und z. B. Spanisch in Mexiko). Können die TN Beispiele nennen? TN erklärt, dass es auch zwischen den deutschsprachigen Ländern und auch in den einzelnen Regionen Deutschlands unterschiedliche Bezeichnungen für ein und dieselbe Sache gibt.	CD: Track 4.39
7b	TN hören und nummerieren die Reihenfolge **Lösung:** A2; B1; C3	CD: Track 4.40
7c	TN lesen die standarddeutschen Ausdrücke und suchen – ggf. in PA – in den Situationen von 7b die passenden Wiener Ausdrücke. **Lösung:** ein wenig = a bisserl; sehr gut = echt guat; Schlagsahne = Schlag; Frikadelle = Fleischlaberl; Kartoffelsalat = Erdäpfelsalat; langweilig / wenig gewürzt = fad; Kaffee mit Milch = Melange ERWEITERUNG (GA, 3–5 TN): TN suchen im Internet weitere Begriffe, die in den Regionen Deutschlands oder den deutschsprachigen Ländern verschiedene Bezeichnungen haben und stellen sie im PL vor. Sie können auch ein Quiz gestalten, in dem sie Fragen stellen wie *Marillen sind in Österreich dasselbe wie in Deutschland a) Tomaten; b) Aprikosen; c) Mandarinen.* usw. ERWEITERUNG: TN erklären, wie es sich in ihren Heimatländern mit Dialekten verhält. Gibt es Dialekte? Was ist typisch für welche Region? ERWEITERUNG (GA, 3–5 TN): TN informieren sich im Internet über deutsche Dialekte und stellen ihre Ergebnisse im PL vor.	
7d	TN hören und markieren das standarddeutsche Wort. **Lösung:** 2. Baum; 3. Hund; 4. Vogel; 5. Ferne; 6. sehen Sie; 7. fallen; 8. heißen, 9. Fahren	CD: Track 4.41
VORHANG AUF	Differenzierungsaufgabe: Kaffeehausgespräche (GA, 4 TN): TN bereiten die Gespräche vor und können sie im PL vorspielen. Besuch von Freunden (PA): TN bereiten ihr Programm vor und stellen es im PL vor. Die anderen TN können darüber sprechen, wie sie das Programm finden und ggf. welche Planung ihnen am besten gefällt.	

16 Hier bleibe ich.

Lernziele/Sprachhandlungen

Sprechen	Alternativen ausdrücken; über das Thema Einbürgerung diskutieren; eine Bitte um Vertretung formulieren und darauf reagieren*; Personen/Dinge beschreiben; ein Gespräch mit einem Sachbearbeiter führen*
Hören	Beratungsgespräche zur Einbürgerung verstehen
Schreiben	einen offiziellen Brief, einen Gratulationsbrief, einen Bericht über eine Einbürgerungsfeier schreiben
Lesen	Meinungsäußerungen*, Forumsbeiträge, einen Zeitungstext über eine Einbürgerungsfeier verstehen
Beruf	eine Vertretung suchen

Lerninhalte

Redemittel	Ich gehe entweder morgen oder übermorgen zum Bürgerbüro. | Ich möchte ... beantragen. | Kannst du mich am Freitag vertreten? – Tut mir leid, aber ... | Ich habe weder meinen Führerschein noch meinen Ausweis dabei. | Das ist der lachende Halil.
Wortschatz	Einbürgerung
Grammatik	Konnektoren *entweder ... oder, weder... noch; sowohl ... als auch* | Partizip I als Adjektiv | Partizip II als Adjektiv
Aussprache	Emotionales Sprechen

	Erläuterungen zum Unterricht	Materialien
1a	TN wählen jeweils ein Foto aus, beschreiben es und sprechen darüber, welche eigenen Erfahrungen sie mit dem Gezeigten gemacht haben. VARIANTE (GA, 6 TN): Jede/r TN wählt ein Bild und beschreibt es. Alle TN sagen, was sie damit verbinden, und sprechen über eigene Erfahrungen. VARIANTE (▶ **stiller Dialog**): KL kopiert die Bilder groß, klebt je ein Foto auf ein DIN-A3-Blatt und legt sie im Kursraum aus. TN gehen durch den Raum, betrachten die Bilder und schreiben darunter, was ihnen zum jeweiligen Bild einfällt. Dabei können sie auch auf die Kommentare der anderen eingehen. Die Kommentare werden vorgelesen und die Blätter im Kursraum aufgehängt.	DIN-A3-Blätter, vergrößerte Kopien der Bilder
1b	TN hören das Gespräch und fassen im PL zusammen, was Ahmed vorhat und was Dana und Eleni darüber denken. **Lösung:** Ahmed möchte sich einbürgern lassen; Dana und Eleni können das nicht verstehen.	CD: Track 4.53
1c	TN hören das Gespräch noch einmal und notieren, welche Aussagen von Dana und Eleni nicht ernst gemeint sind. **Lösung:** Deutsche stehen früh auf, sind pünktlich, sind in einem Verein, fahren ein deutsches Auto und bleiben bei einer roten Ampel immer stehen. ERWEITERUNG: KL fragt, ob den TN noch andere Stereotype über Deutsche einfallen und was sie darüber denken. Ggf. können die TN auch in GA Stereotype sammeln und diese im PL vergleichen. TN können auch darüber sprechen, welche Stereotype über ihre eigenen Nationalitäten existieren.	CD: Track 4.53
1d	TN lesen die Aussagen und überlegen, wer das gesagt hat. Ggf. hören die TN das Gespräch noch einmal zur Kontrolle. **Lösung:** 1. Ahmed; 2. Dana; 3. Eleni	
1e	TN sprechen darüber, mit welcher Aussage sie am ehesten einverstanden sind und warum. Könnten sie sich eine Einbürgerung vorstellen?	

	Erläuterungen zum Unterricht	Materialien
2a	TN lesen die vier Texte und kreuzen an. **Lösung:** Hui: ja; Lela: nein; Emine: nein; Marcelo: ja VARIANTE (GA, 4 TN, ▶ **Kooperatives Lesen**): Jede/r TN liest einen der vier Texte und fasst ihn für die anderen TN zusammen. Die anderen TN entscheiden, ob sich die Person einbürgern lassen möchte oder nicht.	

2b TN lesen die Texte in 2a noch einmal und sammeln in PA oder GA Argumente für und gegen Einbürgerung. Vergleich im PL. TN überlegen im PL weitere Vor-und Nachteile. KL hält die Vorschläge an der Tafel fest.
Lösung: pro: der Pass erleichtert vieles; doppelte Staatsangehörigkeit; kontra: man muss sich auf ein Land festlegen; Ärger mit der Familie; man bleibt auch mit deutschem Pass Ausländer/in

2c TN lesen die Texte in 2a noch einmal und markieren *entweder ... oder.* KL erklärt, dass die Konnektoren *entweder ... oder* verwendet werden, wenn zwei Alternativen in Frage kommen, und liest zur Verdeutlichung mit den TN den Fokuskasten. KL weist auch darauf hin, dass es bei der Wortstellung zwei Möglichkeiten gibt: auf *entweder* kann das Verb oder das Subjekt folgen.
Lösung: Hui: entweder jetzt oder nie; Lela: entweder Kanada oder Australien; Emine: Entweder bleibe ich ... oder ich lasse mich ...

2d TN schreiben in EA oder PA Sätze mit *entweder ... oder.*
Lösung: 2. Ich will in Deutschland entweder an der Nordsee oder in Berlin leben. 3. Heute Abend lerne ich entweder für den Einbürgerungstest oder ich gehe aus. 4. Entweder gehe ich oder du gehst einkaufen. 5. Entweder bekomme ich nächstes Jahr die deutsche Staatsbürgerschaft oder ich gehe in ein anderes Land.

ERWEITERUNG/BINNENDIFFERENZIERUNG: TN schreiben drei weitere Sätze mit *entweder ... oder.* Schnellere TN schreiben mehr, langsamere weniger.
ERWEITERUNG (GA/PA): TN schreiben weitere Vorgaben wie in 2d, eine andere Gruppe schreibt aus den Vorgaben Sätze mit *entweder ... oder.*
ERWEITERUNG/BINNENDIFFERENZIERUNG: TN machen zur Vertiefung ÜB 2c, schnellere TN können auch 2d machen.

UND SIE? Differenzierungsaufgabe (GA, 3–5 TN): TN entscheiden sich für einen der beiden Sprechanlässe. Sie halten die wichtigsten Ergebnisse auf einem DIN-A3-Blatt fest und fassen sie anschließend im PL zusammen. — *Materialien:* DIN-A3-Blätter

	Erläuterungen zum Unterricht	Materialien
3a	TN klären in PA die Bedeutung der Wörter, wie im Beispiel. Ggf. können sie dazu ein Wörterbuch benutzen. Vergleich im PL. **Lösung:** Wahlrecht: das Recht zu wählen; Integrationskurs: ein Kurs, um sich leichter zu integrieren (vgl. Info zu Linie 1 A2, K7, Aufgabe 6d); Staatsbürger: der Bürger eines Staates; Aufenthaltserlaubnis: die Erlaubnis, sich in einem Land aufzuhalten; Antragsformular: Formular, um einen Antrag zu stellen; Reisemöglichkeit: die Möglichkeit zu reisen	Wörterbuch
	ERWEITERUNG: KL wiederholt mit den TN die Bildung von Komposita und erinnert daran, dass der Artikel vom zweiten Nomen anhängt (*die Wahl + das Recht = das Wahlrecht*). TN suchen weitere Komposita und klären sie im PL.	Zeitungen
3b	TN lesen die Aussagen und die Forumsbeiträge und kreuzen an, was richtig ist. Vergleich im PL. **Lösung:** 1. F; 2. R; 3. F	
3c	TN lesen die Beiträge noch einmal und notieren, welche Tipps Ahmed bekommt. ERWEITERUNG: KL fragt TN, ob sie noch eigene Vorschläge haben, was man schreiben könnte.	
3d	Differenzierungsaufgabe: TN lesen die Redemittel, KL klärt ggf. Vokabular. TN schreiben einen Brief für die Einbürgerung. Dabei können sie entscheiden, ob sie einen Brief für Ahmed oder für sich selbst schreiben. Die TN können den Brief auch als Hausaufgabe schreiben, KL sammelt ein und korrigiert die Texte.	

	Erläuterungen zum Unterricht	Materialien
4a	TN betrachten das Foto von Ahmed und lesen die Texte. Welches Problem hat Ahmed? (Er hat einen Termin und braucht eine Vertretung.) TN lesen die Texte und markieren, wer von den Kollegen Ahmed vertreten würde. **Lösung:** F kann vertreten, B eventuell, die anderen Kollegen können nicht. ERWEITERUNG: TN schreiben zwei weitere Sprechblasen, mit jeweils einer positiven und einer negativen Antwort.	

4b	TN lesen noch einmal und schreiben die Gründe auf, weshalb die Kollegen nicht vertreten können. **Lösung:** B hat frei, er muss erst mit seiner Frau sprechen; C hat einen Termin mit Lieferanten; D hat zu viele Überstunden; E hat an diesem Tag viele Kunden.	
4c	KL oder TN schreiben die markierten Sätze auf Kärtchen oder DIN-A4-Blätter. TN ordnen die Reaktionen danach, wie groß die Bereitschaft der Kollegen ist, Ahmed zu vertreten. **Mögliche Lösung:** Da kann ich auf keinen Fall. - Das passt mir ganz schlecht. - Das geht nicht. - Das geht eigentlich nicht so gut. - Ein anderes Mal gerne. - Aber wenn's unbedingt sein muss. - Ja, klar.	Kärtchen oder DIN-A4-Papier
4d	TN hören die Sätze und markieren, welche Variante freundlicher gesprochen ist. **Lösung:** 1. A; 2. B; 3. B; 4. B; 5. A; 6. B	CD: Track 4.54
4e	TN hören noch einmal und sprechen nach.	CD: Track 4.55
4f	GA (4–6 TN): TN lesen die Situationskärtchen und formulieren weitere Situationen, sodass jede/r TN mindestens eine Situation hat. Es können auch die Rollenkarten der KV verwenden werden. TN erklären in der Gruppe ihre Situation und bitten um Hilfe, die anderen TN reagieren positiv oder negativ.	KV

	Erläuterungen zum Unterricht	**Materialien**
5a	KL liest mit den TN die aufgelisteten Unterlagen und klärt im PL, worum es sich dabei handelt. TN überlegen in EA oder PA, welche dieser Dokumente man wahrscheinlich für eine Einbürgerung benötigt.	IAW K16–1
5b	TN hören das Gespräch und kontrollieren, welche Unterlagen Ahmed tatsächlich braucht. Evtl. bei einem weiteren Hören notieren die TN, was Ahmed noch zu den Unterlagen fehlt. **Lösung:** Man braucht 1, 2, 3, 6, 8, 10, 11, 12. Ahmed muss noch eine Kopie von seinem Ausweis machen und die Einverständniserklärung zu den deutschen Gesetzen ausfüllen.	CD: Track 4.56
5c	KL liest mit den TN die Sätze und den Fokuskasten und die TN ordnen zu. KL erklärt, dass die Konnektoren *weder … noch* benutzt werden, wenn von zwei Möglichkeiten keine zutrifft. *Sowohl … als auch* benutzt man, wenn beide Möglichkeiten zutreffen. Ggf. kann KL an die Konnektoren *entweder … oder* erinnern (= eine der Möglichkeiten trifft zu). Zur Verdeutlichung kann KL noch folgende Beispielsätze anschreiben und besprechen: *Für die Reise brauche ich entweder den Ausweis oder den Reisepass / … sowohl den Ausweis als auch den Reisepass / … weder den Ausweis noch den Reisepass.* **Lösung:** 1. B; 2. A	
5d	GA (3–4 TN): TN schreiben auf einem DIN-A3-Blatt Sätze mit *weder … noch* und *sowohl … als auch*. Vergleich im PL. **Mögliche Lösung:** Mein Sohn mag weder Obst noch Gemüse. Ich finde sowohl meine Geburtsurkunde als auch meinen Mietvertrag nicht mehr. Einer von uns holt Kaffee, entweder du oder ich. Sowohl heute als auch morgen soll es regnen, o. Ä. ERWEITERUNG/BINNENDIFFERENZIERUNG: Schnellere TN überlegen weitere Wortpaare und schreiben Sätze. ERWEITERUNG/BINNENDIFFERENZIERUNG: TN machen zur Vertiefung ÜB 5b, schnellere TN können auch 5c machen.	

	Erläuterungen zum Unterricht	**Materialien**
6a	KL liest mit den TN die drei Sätze und klärt ggf. Vokabular. TN ordnen die Aussagen den Fotos zu. KL markiert die Wörter *lachendes* und *abstehenden* und fragt die TN, von welchem Verb diese Adjektive abgeleitet sind (*lachen, abstehen*). Er/Sie erklärt, dass diese Form als Partizip I bezeichnet wird und hier die Funktion eines Adjektivs hat, und liest mit den TN zur Verdeutlichung den Fokuskasten. Um das Partizip I zu bilden, ergänzt man das Verb mit einem *-d*. Wird das Partizip I als Adjektiv benutzt, muss es vor Nomen wie ein Adjektiv dekliniert werden. Ggf. wiederholt KL mit den TN die Adjektivdeklination. Ein Partizip I als Adjektiv kann durch einen Relativsatz ersetzt werden (siehe Fokuskasten). **Lösung:** 1. C; 2. A; 3. B	

6b	TN schreiben in EA oder PA Sätze wie im Beispiel. **Lösung:** 2. der Kopierer, der funktioniert; 3. die Uhr, die tickt; 4. Kinder, die spielen; 5. der Motor, der läuft ERWEITERUNG/BINNENDIFFERENZIERUNG: Schnellere TN überlegen weitere Beispiele. ERWEITERUNG: Zur Vertiefung machen die TN ÜB 6b und 6c.	
UND SIE?	Differenzierungsaufgabe: TN entscheiden, ob sie Fotos von den anderen TN machen und diese wie im Beispiel mit Partizip I beschreiben oder ob sie mit Partizip I beschreiben, was sie sehen, wenn sie aus dem Fenster sehen.	Handy

	Erläuterungen zum Unterricht	Materialien
7a	TN lesen die drei Aussagen und hören dann das Gespräch im Bürgeramt. Sie kreuzen die richtige Aussage an. **Lösung:** c	CD: Track 4.57 IAW K16–2
7b	TN lesen die Aussagen und ordnen in EA oder PA die Antworten zu. Anschließend hören sie das Gespräch noch einmal zur Kontrolle **Lösung:** 2, 1, 3, 6, 7, 5	CD: Track 4.57
7c	KL weist auf das markierte Wort (*mitgebrachten*) im Text hin und fragt die TN, um welche Form es sich hierbei handelt. (Es handelt sich um das Partizip II vom Infinitiv *mitbringen* + einer Adjektivendung.) KL weist darauf hin, dass die TN das Partizip II vom Perfekt und vom Passiv kennen. Auch das Partizip II kann als Adjektiv verwendet werden, es bekommt dann eine Adjektivendung. Das Partizip II als Adjektiv kann ebenfalls als Relativsatz formuliert werden. Es hat dann eine abgeschlossene und meist passive Bedeutung. Zur Verdeutlichung lesen die TN den Fokuskasten. Sie lesen das Gespräch von 7b noch einmal und markieren weitere Beispiele **Lösung:** unbefristete; besuchten; ausgebildeter, angestellter	
7d	TN ergänzen in EA oder PA das Partizip II mit der richtigen Adjektivendung. Vergleich im PL. **Lösung:** 2. befristeten; 3. gewünschten; 4. vereinbarten; 5. reparierten ERWEITERUNG: TN formen im PL die Sätze zu Relativsätzen wie im Fokuskasten um (z. B. *Sie ist eine Lehrerin, die in Rom studiert hat.*). ERWEITERUNG: TN machen zur Vertiefung ÜB 7a und 7b. ERWEITERUNG: TN ergänzen Partizip I und II auf der KV. GA: TN bringen Fotos mit, die sie kommentieren, wobei sie Partizip I und II als Adjektiv verwenden.	KV
7e	TN notieren mögliche Fragen von Sachbearbeitern (evtl. in PA). In einem ▶ **Kursspaziergang** befragen sie sich gegenseitig. VARIANTE: TN sammeln Fragen im PL und machen ein Partner-Interview.	

	Erläuterungen zum Unterricht	Materialien
8a	TN lesen die vier Aufgaben, KL klärt ggf. Vokabular. Danach lesen sie den Zeitungsartikel und beantworten die Fragen. **Lösung:** 1. F; 2. b; 3. R; 4. c	
8b	Differenzierungsaufgabe: TN schreiben in einem Brief / einer E-Mail, ob sie Ahmed zur Einbürgerung gratulieren oder ob sie aus Sicht Ahmeds Dana von der Einbürgerungsfeier berichten. Auch als Hausaufgabe.	
VORHANG AUF	Differenzierungsaufgabe: A (PA): TN planen einen Besuch beim Bürgermeister und vergeben die Aufgaben. Vorstellung im PL. Das Gespräch mit dem Bürgermeister kann z. B. als Podiumsdiskussion gespielt werden. B (GA 4–6 TN): TN sprechen über ihre Zukunftspläne. Die Ergebnisse werden in ▶ **Wirbelgruppen** ausgetauscht.	

Haltestelle H

	Erläuterungen zum Unterricht	Materialien
	In der Haltestelle H können anhand von Lernstationen die Inhalte der letzten zwei Kapitel wiederholt werden. Wichtige Kriterien des Stationenlernens sind die Lernerautonomie (TN entscheiden, was sie wie lange und wie intensiv lernen oder wiederholen möchten) und die Rolle des KL als Unterstützer und Organisator (TN arbeiten weitgehend selbstständig, idealerweise ist die Möglichkeit zur Selbstkontrolle gegeben. Wenn dies nicht möglich ist und die TN Hilfe/Korrektur benötigen, können sie den KL rufen oder im KB im entsprechenden Kapitel nachlesen). Wenn möglich, kopiert KL die einzelnen Stationen und legt sie im Kursraum aus. TN entscheiden selbst, ob sie alle Stationen bearbeiten oder einzelne auswählen und wie lange sie dort üben. Gibt es eine a- und eine b-Variante, ist die b-Variante anspruchsvoller, die Inhalte werden damit also noch vertieft. Für jede Station finden sich die TN nach Interesse mit einem/einer Partner/-in oder in einer Gruppe neu zusammen.	
Station 1	GA (3–4 TN): TN oder KL beschriften die Kärtchen. (KL kann die Kärtchen vor dem Stationenlauf beschriften und für alle Gruppen an der Station liegen lassen). TN bearbeiten die Aufgabe a und bei Interesse auch b.	Kärtchen, Zettel, Stifte
Station 2	PA: TN notieren zuerst in EA Fragen zur gewählten Karte und spielen dann in PA das Telefongespräch. Wenn sich die TN weiter mit dem Thema Telefongespräche beschäftigen möchten, behandeln sie auch b.	Papier, Stifte
Station 3	PA: TN lesen die Einladung und fassen anschließend mit eigenen Worten zusammen, was und wie Anna und Murat feiern möchten. Die TN schreiben eine E-Mail und gehen dabei auf die vorgegebenen Punkte ein. Die E-Mail kann von KL korrigiert werden. Wenn die TN das Thema weiter behandeln möchten, spielen sie die Szene im Büro (c).	Papier, Stifte
Station 4	GA (max. 4 TN): TN wählen eine Person aus, hören die Sendung und notieren Informationen zu ihrer Person. Dann Austausch in der Gruppe. Wenn sich die TN hiermit weiter beschäftigen möchten, stellen sie sich ihre Person gegenseitig vor und erstellen gemeinsam eine Tabelle mit positiven und negativen Aussagen.	CD:Track 4.63 evtl. Kopfhörer
Station 5	PA oder GA (4 oder 6 TN): TN lesen und klären die Spielregel, bilden zwei Gruppen und spielen das Spiel.	Münzen

	Erläuterungen zum Testtraining	Materialien
1	DTZ, Lesen Teil 5, telc Deutsch B1, Lesen Teil 5: KL liest mit den TN die Tipps und die Aufgabenstellung. TN lösen die Aufgaben. Vergleich im PL. **Lösung:** 1b; 2a; 3b, 4c; 5b; 6c	
2	Goethe/ÖSD-Zertifikat B1, Schreiben: TN lesen die Prüfungsaufgaben und die Tipps und schreiben die E-Mail. KL sammelt die Texte ein und korrigiert sie.	
3	DTZ, Sprechen Teil 3, telc Deutsch B1, Sprechen Teil 3, Goethe/ÖSD-Zertifikat B1, Sprechen Teil 1: TN lesen die Aufgabenstellung und die Tipps. Zum weiteren Üben bearbeiten sie in PA die Tipps zur Vorbereitung und wiederholen die Redemittel. Danach planen sie die Renovierung in PA.	

Kopiervorlage zu Kapitel 1, Aufgabe 5b

Lüge oder Wahrheit? Schreiben Sie die Sätze zu Ende. Schreiben Sie drei richtige Aussagen und drei falsche. Lesen Sie Ihre Sätze in der Gruppe vor, die anderen Teilnehmer raten.

1. Für mich ist es sehr wichtig ....

2. Ich habe oft keine Zeit ....

3. Ich beginne bald ....

4. Ich finde es schrecklich ....

5. Ich habe oft Angst ....

6. Es ist wunderbar ....

Kopiervorlage zu Kapitel 1 Aufgabe 7a

Partner-Interview: Wie ist Ihr Stadtteil?

	Name:	Name:
Wie heißt Ihr Stadtteil?		
Wo liegt Ihr Stadtteil?		
Leben Sie gerne in Ihrem Stadtteil? Warum?		
Gibt es viele Geschäfte in Ihrem Stadtteil? Was ist Ihr Lieblingsgeschäft? Wo kaufen Sie oft ein?		
Gibt es viele Restaurants in Ihrem Stadtteil? Was ist Ihr Lieblingsrestaurant? Was essen Sie dort gerne?		
Welche Freizeitangebote gibt es in Ihrem Stadtteil? Gibt es Kinos, Theater, Museen?		
Wo kann man in Ihrem Stadtteil spazieren gehen?		
Was fehlt Ihnen in Ihrem Stadtteil?		

Kopiervorlage zu Kapitel 2, Aufgabe 3e

Partnerdiktat

A Diktieren Sie. Ihr Partner / Ihre Partnerin schreibt. Korrigieren Sie anschließend die Fehler.

Ich heiße Paola und bin Malerin von Beruf. Ich interessiere mich sehr für moderne Kunst und gehe oft in Museen. Dort sehe ich mir die verschiedenen Ausstellungen von bekannten Künstlern an. Interessierst du dich auch für Kunst? Welche Bilder siehst du dir am liebsten an? Manchmal überlege ich mir, ob ich noch etwas im Museums-Geschäft kaufen soll. Oft entscheide ich mich dann für ein paar Postkarten von den Bildern, die mir am besten gefallen haben. Über die hohen Preise ärgere ich mich aber schon manchmal. Ärgerst du dich auch oft über die hohen Preise in Museen? Vielleicht überlegst du dir auch manchmal, ob du etwas kaufen sollst oder das Geld lieber für etwas anderes sparst. Ja, da musst du dich dann auch entscheiden.

B Diktieren Sie. Ihr Partner / Ihre Partnerin schreibt. Korrigieren Sie anschließend die Fehler.

Ich heiße Marius und bin Koch in einem eleganten Restaurant. Ich liebe meinen Beruf, weil ich mich sehr für neue Rezepte interessiere. Darum sehe ich mir auch immer wieder neue Kochbücher an. Siehst du dir auch manchmal Kochbücher an und freust dich über die schönen Fotos? Interessierst du dich für neue Rezepte? In meinem Restaurant überlege ich oft, einmal wieder etwas ganz anderes zu kochen, und entscheide mich dann für ein Essen aus anderen Ländern. Aber es schmeckt nicht immer gut, wenn ich etwas Neues probiere, und das ärgert mich dann natürlich. Ärgert es dich auch, wenn du etwas kochst und es schmeckt dir dann nicht? Ich überlege mir dann immer, was ich besser machen könnte, und beim nächsten Mal wird es meistens gut. Darüber freue ich mich dann sehr.

Kopiervorlage zu Kapitel 2, Aufgabe 5d

A Fragen Sie Ihren Partner / Ihre Partnerin. Schreiben Sie die Antwort.

1. Welchen Pullover meinst du?

2. Welche Tasche meinst du?

3. Welches Buch meinst du?

4. Welche Kinder meinst du?

Wählen Sie jetzt die richtige Antwort und antworten Sie Ihrem Partner / Ihrer Partnerin mit einem Relativsatz.

Beispiel: Den Kuchen, den du mir ...

- Wir haben es im Urlaub in Paris besucht.

- Ich habe sie für Elkes Hochzeit gekauft.

- Du hast sie ganz oben in den Küchenschrank gestellt.

- Du hast ihn mir zum letzten Geburtstag gebacken.

✂ ....

B Fragen Sie Ihren Partner / Ihre Partnerin. Schreiben Sie die Antwort.

5. Welchen Kuchen meinst du?

6. Welche Tasse meinst du?

7. Welches Museum meinst du?

8. Welche Schuhe meinst du?

Wählen Sie jetzt die richtige Antwort und antworten Sie Ihrem Partner / Ihrer Partnerin mit einem Relativsatz.

Beispiel: Der Pullover, den dir Tante Ruth ...

- Wir müssen es ihn der Schule lesen.

- Tante Ruth hat ihn dir zu Weihnachten geschenkt.

- Ich sehe sie jeden Tag auf dem Fußballplatz.

- Wir haben sie in dem teuren Geschäft gesehen.

Kopiervorlage zu Kapitel 3, Aufgabe 2b

Lesen Sie die Texte und fassen Sie die wichtigsten Informationen zusammen. Verwenden Sie ein Wörterbuch.

Rechtsschutzversicherung Diese Versicherung hilft Ihnen vor allem, wenn Sie juristische Probleme haben, d. h. jemand möchte Sie vor Gericht bringen oder Sie möchten jemanden vor Gericht bringen, z. B. bei einem entstandenen Schaden, Verkehrsunfällen, Beleidigungen etc. Wenn Sie sich einen Anwalt nehmen, bezahlt die Versicherung diesen, und wenn Sie das Gerichtsverfahren verlieren, bezahlt die Versicherung auch die Kosten Ihres Gegners.	**KFZ-Haftpflicht-Versicherung** Diese Versicherung ist Pflicht für alle, die ein Auto, Motorrad oder Moped besitzen. Wenn Sie als Fahrer im Straßenverkehr einen Unfall verursachen und ein anderes Fahrzeug beschädigen oder Personen verletzen, übernimmt diese Versicherung die Kosten, die Sie erstatten müssten.
Haftplichtversicherung Es gibt viele Situationen im Leben, in denen man selbst, ein Familienangehöriger oder ein Haustier etwas ungewollt kaputt macht und damit große Kosten verursachen kann. Wenn z. B. der Hund jemanden verletzt oder die Kinder beim Fußballspielen ein Fenster kaputt machen. Diese Kosten übernimmt eine Haftplichtversicherung, die man abschließen kann, aber nicht muss.	**Unfallversicherung** Es gibt eine gesetzliche und eine private Unfallversicherung. Die gesetzliche ist ein Teil der staatlichen Sozialversicherung, sie ist aber oft nicht sehr hoch und springt nicht ein, wenn der Unfall in der Freizeit oder im Haushalt passiert. Wenn man sicher sein möchte, nach einem Unfall genügend Geld zum Leben zu haben, kann man daher noch eine private Unfallversicherung abschließen.
Hausratversicherung Das ist eine freiwillige Versicherung, die Ihnen wertvolle Gegenstände ersetzt, die sich in Ihrer Wohnung befinden und die kaputt gehen. Das kann z. B. passieren, wenn es brennt, wenn Sie einen Wasserschaden haben, der Sturm Ihnen die Fenster kaputt macht oder wenn es einen Einbruch gibt und Dinge gestohlen oder beschädigt werden.	**Krankenversicherung** Es gibt eine gesetzliche und eine private Krankenversicherung und es ist in Deutschland Pflicht, krankenversichert zu sein. Die meisten Arbeitnehmer sind gesetzlich versichert, Selbstständige und Beamte normalerweise privat. Die Krankenversicherung übernimmt die Kosten, wenn man zum Arzt oder ins Krankenhaus muss, und bezahlt zum Teil auch die Medikamente. Oft übernimmt sie auch Kosten der Vorsorge, wie z. B. Sportkurse.

Kopiervorlage zu Kapitel 3, Aufgabe 5e

Genitiv: Spielen Sie Schnapp.

Legen Sie die Karten verdeckt auf zwei Stapel. Drehen Sie die zwei obersten Karten um und legen Sie sie aufgedeckt auf den Tisch. Wenn Sie eine Idee für eine Genitivkonstruktion haben, rufen Sie SCHNAPP und schlagen mit der Hand auf die Karten. Danach bilden Sie den Genitiv (z. B. *das Bild des Malers*).
Ist der Ausdruck sinnvoll, dürfen Sie die Karten behalten, ist er falsch oder lassen sich aus diesen Wörtern keine logischen Genitive bilden, kommen die Karten zurück unter den Stapel.

die Schwester	das Bild	der Maler	die Katze
der Nachbar	das Buch	die Lehrerin	die Häuser
die Stadt	das Auto	der Nachbar	die Farbe
die Hose	der Schlüssel	die Mutter	die Gruppe
die Studenten	die Freundin	der Politiker	das Lied
der Sänger	das Ende	der Kurs	die Musik
das Kapitel	die Probleme	die Telefonnummer	die Stunde
die Augen	der Fahrer	das Foto	der Name

Kopiervorlage zu Kapitel 4, Aufgabe 1c

Fragen Sie Ihren Partner / Ihre Partnerin oder machen Sie einen Kursspaziergang.

	Name:
Was essen Sie oft zum Frühstück?	
Was essen Sie gerne zum Mittagessen? Was mögen Sie nicht?	
Was ist bei Ihnen ein typisches Abendessen?	
Was ist für Sie die wichtigste Mahlzeit? Warum?	
Was ist ein typisches Gericht in Ihrem Heimatland? Wann isst man es? Welche Lebensmittel braucht man dazu?	
Was ist Ihr Lieblingsessen?	

Kopiervorlage zu Kapitel 4, Aufgabe 2c

Spielen Sie das Infinitiv-Präteritum-Memory.

sein	gehen	sorgen	geben	kommen
war	ging	sorgten	gab	kamen
essen	kochen	brauchen	haben	nehmen
aß	kochte	brauchte	hatte	nahm

Kopiervorlage zu Kapitel 4, Aufgabe 3b

Ziehen Sie jeweils ein Verb und ein Nomen und bilden Sie Sätze im Präteritum.

schmecken	holen	der Fußball	der Kuchen
probieren	telefonieren	der Tee	die Tasche
sich ärgern	bestellen	die Rechung	das Buch
stehen	bekommen	das Mittagessen	die Hausaufgaben
machen	bezahlen	die Lampe	die Schule
stellen	zufrieden sein	das Auto	die Hose
essen	trinken	die Kinder	die Limonade

Kopiervorlage zu Kapitel 5, Aufgabe 4d

Spielen Sie mit einer Münze: Kopf = 1 Feld vor; Zahl = 2 Felder vor. Setzen Sie *seit* oder *bis* ein. Wenn Sie das richtige Wort eingesetzt haben, bleiben sie auf dem Feld, wenn nicht, gehen Sie ein Feld zurück.

START	1. Marina hat schon sehr gut Französisch gelernt, ... sie in Paris lebt.	2. Paul musste lange warten, ... er studieren konnte.	3. .... der Kurs zu Ende war, mussten die Studenten viel schreiben.	4. Alicia war lange allein, ... sie Axel kennenlernte. ↓
9. Laura will weniger essen, ... sie endlich 3 kg weniger wiegt ↓	8. .... Alex mit seinem Chef gesprochen hat, verstehen sie sich viel besser.	7. .... sie endlich gut Klavier spielen konnte, musste Lukene lange üben.	6. Damian wohnt in dieser Stadt, ... er ein Kind war.	← 5. .... Herr Meyer in Rente ist, geht er jeden Tag spazieren.
→ 10. Eva spart ihr Taschengeld, ... sie sich das schöne Kleid kaufen kann.	11. .... Denisa eine Arbeit als Ärztin hat, muss sie oft nachts arbeiten.	12. Noell bleibt im Kindergarten, ... sein Vater ihn abholt.	13. Angela jobbt als Kellnerin, ... sie etwas Besseres findet.	14. .... Dennis mehr Gemüse isst, fühlt er sich besser. ↓
ZIEL	18. Es fehlt nur noch ein Feld, ... Sie das Spiel gewonnen haben. ☺	17. Bella konnte kein Englisch, ... sie endlich einen Kurs gemacht hat.	16. Familie Fröhlich will in der Wohnung bleiben, ... sie ein Haus kaufen kann.	← 15. Samuel hat Probleme mit den Nachbarn, ... er einen Hund hat.

✂ ....

Lösung:
1. seit; 2. bis; 3. Bis; 4. bis; 5. Seit, 6. seit; 7. Bis; 8. Seit; 9. bis; 10. bis; 11. Seit, 12. bis; 13. bis; 14. Seit; 15. seit; 16. bis; 17. bis; 18. bis

Kopiervorlage zu Kapitel 5, Aufgabe 6d

Beschreiben Sie Ihr Problem in einem Forum. Erklären Sie, was genau passiert ist und wie Sie sich jetzt fühlen. Bitten Sie um Rat!

Sie haben den Geburtstag Ihrer Mutter vergessen.	Ihr Hund hat die teuren Schuhe Ihres Mitbewohners kaputt gemacht.
Sie haben einer Freundin versprochen, im Urlaub ihre Blumen zu gießen, und haben den Hausschlüssel verloren.	Ein Freund hat Ihnen sein Auto geliehen und Sie hatten einen kleinen Unfall.
Sie haben den Lieblingspullover Ihres Partners / Ihrer Partnerin zu heiß gewaschen und jetzt ist er viel zu klein.	Sie haben in einer E-Mail etwas Schlechtes über eine Kollegin geschrieben und sie aus Versehen in CC gesetzt.
Sie haben ein Buch in der Bücherei ausgeliehen und können es nicht mehr finden.	Sie können Ihren Pass nicht finden und wollen bald in ein Land fahren, wo Sie ihn brauchen.

Forum

....

....

....

....

....

....

....

....

....

Kopiervorlage zu Kapitel 6, Aufgabe 3c

Fragen Sie Ihren Partner / Ihre Partnerin.

Waren Sie schon einmal im Krankenhaus?	
Hatten Sie schon einmal eine Operation?	
Hatten Sie schon einmal einen Unfall?	
Haben Sie Angst vor Spritzen?	
Mussten Sie schon einmal den Notarzt holen?	
Gehen Sie regelmäßig zum Zahnarzt? Oder haben Sie Angst?	
Haben Sie sich schon einmal bei der Arbeit verletzt?	
Gehen Sie regelmäßig zu Ihrem Hausarzt?	
Mussten Sie schon einmal mit dem Rettungswagen fahren?	
...	

Kopiervorlage zu Kapitel 6, Aufgabe 7a

Im Krankenhaus. Ordnen Sie zu.

Physiotherapie	
HNO	
Kardiologie	
Kinderstation	
Notaufnahme	
Cafeteria	
Orthopädie	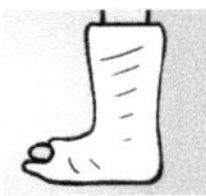
Chirurgie	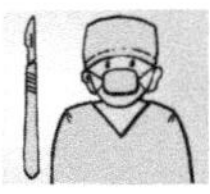
Entbindungsstation	
Information	

Kopiervorlage zu Kapitel 7, Aufgabe 4e

Schwarzer Peter: Passiv

Verteilen Sie die Karten. Ziehen Sie im Uhrzeigersinn eine Karte vom nächsten Spieler / von der nächsten Spielerin. Eine Karte ist im Aktiv, eine im Passiv. Wenn zwei Karten zusammenpassen, legen Sie das Paar ab. Wer am Ende die Karte mit der schwarzen Katze hat, hat verloren.

Der Bauer baut Obst und Gemüse an.	Obst und Gemüse werden angebaut.	Die Firma liefert morgen den neuen Computer.	Morgen wird der neue Computer geliefert.	Marion verkauft Kaffee und Kuchen auf dem Markt.
Auf dem Markt werden Kaffee und Kuchen verkauft.	Oma muss die Erdbeeren für ihre Marmelade waschen.	Die Erdbeeren für die Marmelade werden gewaschen.	Der Bäcker backt Brot und Brötchen.	In der Bäckerei werden Brot und Brötchen gebacken.
Unsere Nachbarn füttern meine Katze immer im Urlaub.	Meine Katze wird im Urlaub immer von den Nachbarn gefüttert.	Wir schließen unser Geschäft immer um 20 Uhr.	Unser Geschäft wird immer um 20 Uhr geschlossen.	

Kopiervorlage zu Kapitel 7, Aufgabe 5, UND SIE?

Rasender Reporter: Finden Sie eine Person, die ...

	Name
... selten Getränke in Dosen kauft.	
... oft vergisst, das Licht auszuschalten.	
... oft mit dem Fahrrad fährt.	
... bei einem Umweltprojekt aktiv ist.	
... lieber badet als duscht.	
... oft Bio-Obst und Bio-Gemüse kauft.	
... am liebsten regionale Produkte kauft.	
... gerne Fast-Food isst.	
... kein Fleisch isst.	
... Flaschen und Papier recycelt.	
... ohne Plastiktüten einkauft.	

Kopiervorlage zu Kapitel 8, Aufgabe 5d

Fragen bei Verben mit Präpositionen: Ordnen Sie zu.

Wofür interessierst du dich?	Ich freue mich auf das Konzert der Rolling Stones.
Für wen interessierst du dich?	Ich ärgere mich über meinen Chef.
Womit bist du zufrieden?	Ich spreche über meine neue Kollegin.
Mit wem bist du zufrieden?	Ich interessiere mich für moderne Kunst.
Worauf freust du dich?	Ich habe Lust auf eine heiße Dusche.
Auf wen freust du dich?	Ich bin zufrieden mit meiner neuen Arbeit.
Wovon träumst du?	Ich freue mich auf meine Freundin.
Von wem träumst du?	Ich ärgere mich über die laute Musik meiner Nachbarn.
Worüber ärgerst du dich?	Ich interessiere mich für Picasso.
Über wen ärgerst du dich?	Ich träume von George Clooney.
Mit wem sprichst du?	Ich spreche gerne über die neuesten Kinofilme.
Worüber sprichst du gerne?	Ich bin zufrieden mit meiner neuen Sekretärin.
Über wen sprichst du?	Ich spreche mit meinen Eltern
Worauf hast du Lust?	Ich träume von einem Haus in den Bergen.

Kopiervorlage zu Kapitel 8, Aufgabe 6c

Was kann man bei Horst kaufen? Ordnen Sie die Buchstaben und schreiben Sie mit Artikel und Plural.

1. Hhesutclf ....
2. Spmome ....
3. Bnöterch ....
4. Iseef ....
5. Eaekff ....
6. Kafibermer ....
7. Umumgaik ....
8. Etziung ....
9. Tteabier ....
10. Ketgnär ....
11. Zisethrcift ....
12. Feeruuzeg ....
13. Sgißütkie ....
14. Seztchilhor ....

✂ ....

Lösung:
1. das Schulheft, die Schulhefte; 2. die Pommes (Pl.); 3. das Brötchen, die Brötchen; 4. die Seife, die Seifen; 5. der Kaffee, die Kaffees; 6. die Briefmarke, die Briefmarken; 7. der Kaugummi, die Kaugummis; 8. die Zeitung, die Zeitungen; 9. die Batterie, die Batterien; 10. das Getränk, die Getränke; 11. die Zeitschrift, die Zeitschriften; 12. das Feuerzeug, die Feuerzeuge; 13. die Süßigkeit, die Süßigkeiten; 14. das Streichholz, die Streichhölzer

Kopiervorlage zu Kapitel 9, Aufgabe 3d

Domino: Legen Sie die Dominiosteine logisch an und bilden Sie Sätze mit dem Konjunktiv II.

Beispiel: Wenn das Wetter schön wäre, würde ich im Park spazieren gehen.

nicht so oft eine Erkältung (haben)	Wenn das Wetter schön … (sein)	im Park spazieren (gehen)	Wenn du mich morgen … (besuchen)
ich mich sehr (freuen)	Wenn Elisa Geld … (haben)	die schöne Bluse (kaufen)	Wenn Karin mehr Klavier … (üben)
beim Konzert (mitmachen)	Wenn Daniel mehr … (lernen)	bessere Noten in der Schule (haben)	Wenn Nick nicht immer laute Musik … (hören)
keine Probleme mit den Nachbarn (haben)	Wenn ich nicht so müde … (sein)	mit euch in die Disco (gehen)	Wenn der Chef netter … (sein)
die Stimmung im Büro besser (sein)	Wenn Nicolas ein Auto … (haben)	nicht mit dem Bus fahren (müssen)	Wenn die Heizung nicht immer kaputt … (sein)
es nicht so kalt im Haus (sein)	Wenn Mario weniger … (essen)	nicht so dick (sein)	Wenn du mehr Vitamine … (essen)

Lösung:
Wenn du mich morgen besuchen würdest, würde ich mich sehr freuen. Wenn Elisa Geld hätte, würde sie die schöne Bluse kaufen. Wenn Karin mehr Klavier üben würde, würde sie beim Konzert mitmachen. Wenn Daniel mehr lernen würde, hätte er bessere Noten in der Schule. Wenn Nick nicht immer laute Musik hören würde, hätte er keine Probleme mit den Nachbarn. Wenn ich nicht so müde wäre, würde ich mit euch in die Disco gehen. Wenn der Chef netter wäre, wäre die Stimmung im Büro besser. Wenn Nicolas ein Auto hätte, müsste er nicht mit dem Bus fahren. Wenn die Heizung nicht immer kaputt wäre, wäre es nicht so kalt im Haus. Wenn Mario weniger essen würde, wäre er nicht so dick. Wenn du mehr Vitamine essen würdest, hättest du nicht so oft eine Erkältung.

Kopiervorlage zu Kapitel 9, Aufgabe 5e

Wechselspiel A: Fragen Sie Ihren Partner / Ihre Partnerin und antworten Sie.

Beispiel: Worüber freut sich Tina? Sie freut sich darüber, dass sie bald Urlaub hat.

	Tina	Thomas
Worüber freut sich … ?	Sie hat bald Urlaub.	
Worüber ärgert sich …?		Sein Computer ist kaputt.
Worauf bereitet sich … vor?	Sie muss einen Vortrag halten	
Wovon träumt …?		Deutschland gewinnt die Fußballweltmeisterschaft.
Worauf hofft …?	Ihr Chef bietet ihr eine bessere Stelle an.	
Worum kümmert sich …?		Das Material wird gekauft.
Woran erinnert sich …?	Morgen ist Majas Geburtstag.	
Wofür entscheidet sich …?		Etienne übernimmt seine Vertretung.

✂ ………………………………………………………………………………

Wechselspiel B: Fragen Sie Ihren Partner / Ihre Partnerin und antworten Sie.

Beispiel: Worüber freut sich Thomas? Er freut sich darüber, dass sein Sohn einen Praktikumsplatz bekommen hat.

	Tina	Thomas
Worüber freut sich … ?		Sein Sohn hat einen Praktikumsplatz bekommen.
Worüber ärgert sich …?	Es regnet schon seit drei Tagen.	
Worauf bereitet sich … vor?		Seine Eltern kommen zu Besuch.
Wovon träumt …?	Ihr neuer Nachbar lädt sie ins Kino ein.	
Worauf hofft …?		Sein Sohn schreibt eine gute Note in Mathematik.
Worum kümmert sich …?	Alle Angestellten werden informiert.	
Woran erinnert sich …?		Er muss noch Brot kaufen.
Wofür entscheidet sich …?	Morgen wird das Auto repariert.	

Kopiervorlage zu Kapitel 10, Aufgabe 1d

Sport: Ergänzen Sie.

	Name:	Name:
Machen Sie zurzeit Sport? Welchen? Wie oft? Was gefällt Ihnen an diesem Sport?		
Welchen Sport haben Sie früher schon einmal gemacht? Was hat Ihnen an diesem Sport gefallen? Was nicht?		
Welchen Sport würden Sie gerne in der Zukunft einmal ausprobieren? Warum?		
Welche Sportarten sind typisch in Ihrem Heimatland? Gibt es einen „Volkssport"? Mögen Sie diesen Sport auch? Warum?		
Welchen Sport sehen Sie gerne im Fernsehen? Welchen nicht? Warum?		
Hatten Sie in der Schule Sportunterricht? Was haben Sie da gemacht? Hat Ihnen Sportunterricht als Kind Spaß gemacht?		
Was denken Sie über Extremsportarten wie Rafting, Bungee-Jumping, Freeclimbing etc.? Würden Sie so etwas ausprobieren?		
Welche Sportarten finden Sie besonders anstrengend? Welche besonders teuer? Welche finden Sie langweilig?		
...		
...		

Kopiervorlage zu Kapitel 10, Aufgabe 4d

Ziehen/Wählen Sie drei Karten und stellen Sie Fragen: Bringst du deiner Freundin die Zeitung? Der Partner / Die Partnerin antwortet mit Personalpronomen: Ja, ich bringe sie ihr.

VERBEN	*PERSONEN*	DINGE
bringen	*deine Freundin*	das/ein Ticket
geben	*mein Nachbar*	die/eine Postkarte
holen	*die Lehrerin*	das/ein Restaurant
leihen	*die Kollegin*	der Weg
schenken	*unsere Chefin*	ein Kaffee
erklären	*deine Schwester*	die Grammatik
empfehlen	*ein Student*	eine E-Mail
schicken	*dein Opa*	das/ein Buch
zeigen	*die Leute*	die Zeitung

Kopiervorlage zu Kapitel 11, Aufgabe 1a

Überlegen Sie Dialoge in Gruppenarbeit.

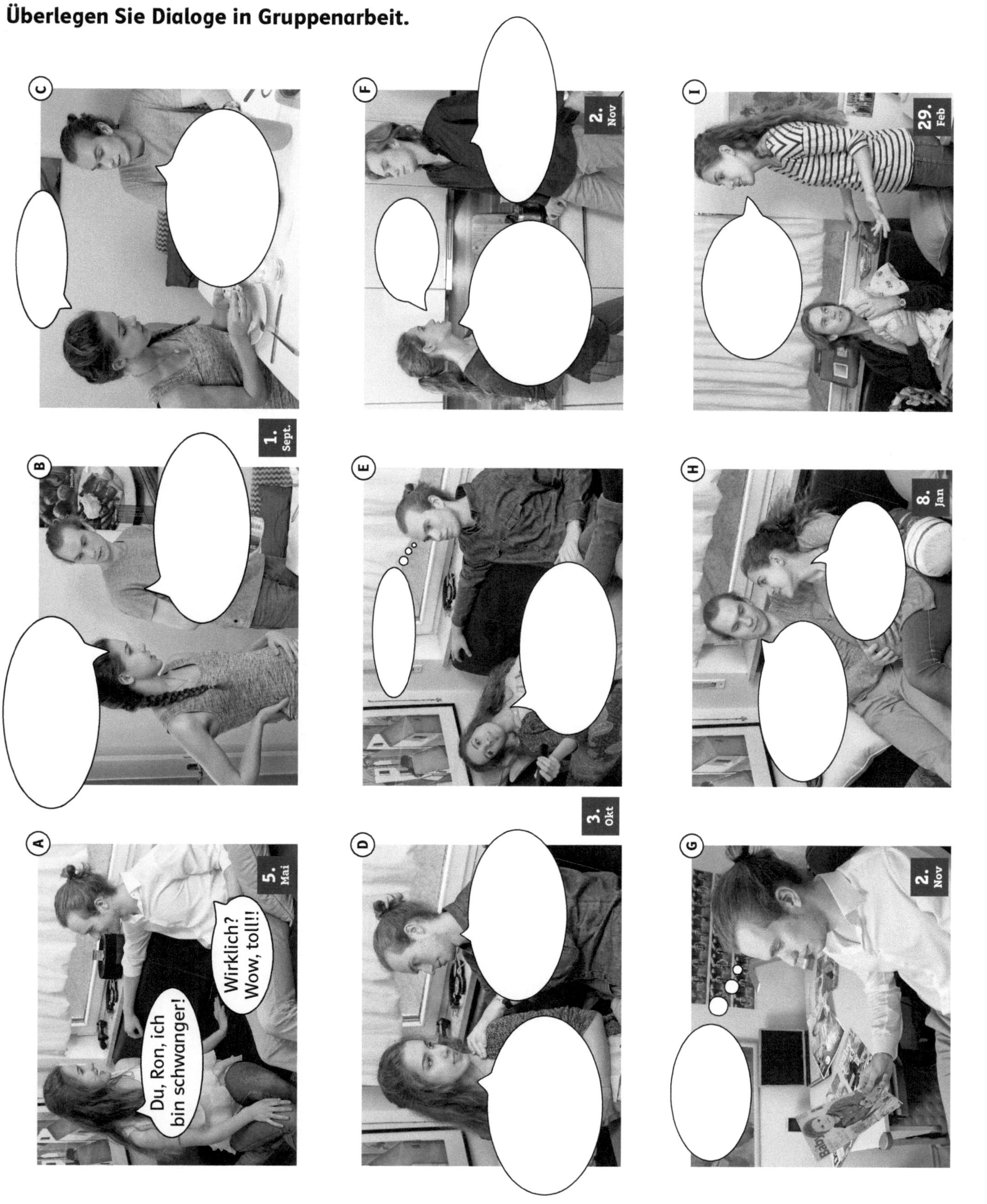

Kopiervorlage zu Kapitel 11, Aufgabe 2f

Gleichzeitigkeit: Sie möchten gemeinsam etwas organisieren (ein Schulfest, ein Straßenfest, eine Reise, einen Ausflug ...). Verteilen Sie die Aufgaben und stellen Sie Ihre Planung im Kurs vor. Benutzen Sie *während*.

Was möchten wir organisieren?	
Aufgabe 1:	Name:
Aufgabe 2:	Name:
Aufgabe 3:	Name:
Aufgabe 4:	Name:
Aufgabe 5:	Name:
Aufgabe 6:	Name:
Aufgabe 7:	Name:
Aufgabe 8:	Name:

Gegensatz: Was mögen Sie lieber? Sprechen Sie in der Gruppe. Stellen Sie anschließend die Ergebnisse im Kurs vor. Benutzen Sie *während*.

Wer isst lieber Fleisch? Namen:	Wer isst lieber Fisch? Namen:
Wer geht lieber ins Kino? Namen:	Wer geht lieber ins Theater? Namen:
Wer fährt lieber in die Berge? Namen:	Wer geht fährt lieber ans Meer? Namen:
Wer trinkt lieber Kaffee? Namen:	Wer trinkt lieber Tee? Namen:
Wer mag den Sommer? Namen:	Wer mag den Winter? Namen:
Wer macht viel Sport? Namen:	Wer mag keinen Sport? Namen:

Kopiervorlage zu Kapitel 12, Aufgabe 5a

In der Beratungsstelle: Ordnen Sie die Kärtchen.

1. Was wollen Sie von dem Sachbearbeiter / der Sachbearbeiterin wissen?
2. Was will der Sachbearbeiter / die Sachbearbeiterin von Ihnen wissen?

Welche Formulare muss ich ausfüllen?	1
Wie viel kostet die Anerkennung meines Berufes?	1
Gibt es ein Merkblatt zu dem Thema?	1
Wie lange haben Sie in Ihrem Beruf gearbeitet?	2
Brauche ich eine Übersetzung meiner Zeugnisse?	1
Welche Sprachen sprechen Sie?	2
Von wann bis wann haben Sie Ihren Beruf in Ihrem Land ausgeübt?	2
Mit welchen Kosten muss ich für die Anerkennung rechnen?	1
Haben Sie schon unser Merkblatt für die Anerkennung?	2
Wo muss ich die Formulare abgeben?	1
Haben Sie Ihre Papiere und Zeugnisse schon auf Deutsch übersetzen lassen?	2
Was ist Ihre Muttersprache?	1
Haben Sie eine Weiterbildung gemacht?	1
Wie lange wird die Anerkennung etwa dauern?	1
Welchen Beruf haben Sie gelernt?	2
Wo finde ich einen offiziellen Übersetzer für meine Dokumente?	1
Bei welcher Firma haben Sie Ihren Beruf gelernt?	2
Welche Tätigkeiten haben Sie in Ihrer Arbeit ausgeführt?	2
Ist mein Abschluss mit dem in Deutschland vergleichbar?	1
Welchen Abschluss haben Sie für Ihre Berufsausbildung?	2

Kopiervorlage zu Kapitel 12, Aufgabe 7a

Ordnen Sie die Berufe zu. Arbeiten Sie ggf. mit einem Wörterbuch. Ergänzen Sie eigene Vorschläge.

Lehrer/in Reinemachkraft Sekretär/in Feuerwehrmann/frau Schaffner/in Automechaniker/in Industriekaufmann/frau Kellner/in Masseur/in Fußpfleger/in Bäcker/in Kosmetiker/in Elektriker/in Rezeptionist/in Friseur/in Polizist/in Altenpfleger/in Buchhalter/in Kursleiter/in Koch/Köchin Musiker/in Krankenpfleger/in

Büro und Verwaltung ....

Schönheit und Körperpflege ....

Bildung und Kultur ....

Alten- und Krankenpflege ....

Handwerk und Produktion ....

Hotel und Gastronomie ....

Schutz und Sicherheit ....

✂ ....

Kopiervorlage zu Kapitel 12, Aufgabe 7d

Befragen Sie Ihren Partner / Ihre Partnerin, was er/sie gerne tut.

Name:	✶✶	✶	✕
elektrische Geräte montieren			
alte Menschen betreuen			
Gäste in einem Restaurant bedienen			
am Computer Geschäftsbriefe schreiben			
eine Fremdsprache unterrichten			
Patienten das Essen bringen			
Kunden über Wellnessprodukte informieren			
wertvolle Gegenstände transportieren			
bei einer Veranstaltung als Musiker auftreten			
Telefonate entgegennehmen			
Kunden kosmetisch beraten			
Hotelgäste ein- und auschecken			
Fahrgäste in der S-Bahn kontrollieren			
Produkte aus Einzelteilen zusammenbauen			
Gute Berufe für .... sind:			

Kopiervorlage zu Kapitel 13, Aufgabe 4e

Domino: Was passt? Legen Sie die Dominokarten an. Bilden Sie dann Wortgruppen mit Adjektiven im Genitiv.

Beispiel: der Schlüssel seines großen Hauses

ANFANG	Schlüssel	groß	Haus
neu	Nachbar	alt	Mann
freundlich	Verkäuferin	teuer	Auto
bekannt	Sänger	englisch	Gruppe
ausländisch	Studenten	interessant	Deutschkurs
sympathisch	Lehrerin	klein	Kinder
beste	Freundin	wichtig	Politiker

Hinweis: Es gibt zwar eine Möglichkeit, alle Karten logisch anzulegen. Es sind aber auch Alternativen möglich. Wenn Sie nicht weiterkommen, können Sie schon angelegte Karten austauschen.

Kopiervorlage zu Kapitel 13, Aufgabe 5b

Satzakzent: Lesen Sie mit unterschiedlicher Betonung und erklären Sie die Sätze.

Katja möchte heute mit Rita ins Café gehen.

Katja möchte **heute** mit Rita ins Café gehen.

Katja möchte heute mit Rita **ins Café** gehen.

Katja möchte heute **mit Rita** ins Café gehen.

✂

Mein Freund kommt morgen **mit dem Zug** in Berlin an.

Mein Freund kommt **morgen** mit dem Zug in Berlin an.

Mein Freund kommt morgen mit dem Zug in Berlin an.

Mein Freund kommt morgen mit dem Zug **in Berlin** an.

✂

Gestern habe ich mit meinem Mann in einem **sehr modernen** Restaurant gegessen.

Gestern habe ich mit meinem Mann in einem sehr modernen Restaurant **gegessen.**

Gestern habe ich **mit meinem Mann** in einem sehr modernen Restaurant gegessen.

Gestern habe ich mit meinem Mann in einem sehr modernen Restaurant gegessen.

✂

Nächstes Jahr möchten wir gerne zwei Wochen in Spanien Urlaub machen.

Nächstes Jahr möchten wir gerne zwei Wochen in Spanien **Urlaub** machen.

Nächstes Jahr möchten wir gerne zwei Wochen **in Spanien** Urlaub machen.

Nächstes Jahr möchten wir gerne **zwei Wochen** in Spanien Urlaub machen.

✂

Fernando geht abends gerne mit seinem Hund im Park spazieren.

Fernando geht abends gerne mit seinem Hund **im Park** spazieren.

Fernando geht abends gerne **mit seinem Hund** im Park spazieren.

Fernando geht **abends** gerne mit seinem Hund im Park spazieren.

Kopiervorlage zu Kapitel 14, Aufgabe 1c

Hören Sie Track 4.16 noch einmal und beantworten Sie die Fragen.

Wie viele Umzugskartons hatte die Familie? ....

Wer hat ein- und ausgepackt? ....

Was war in den Kartons? ....

Was hat die Spedition gemacht? ....

Was hat die Familie mit den Sachen gemacht, die sie nicht mehr brauchte?

....

Wie lange hat der Umzug insgesamt gedauert? ....

Wann kommt Natalia Sofia besuchen? ....

✂ ....

Kopiervorlage zu Kapitel 14, Aufgabe 2, UND SIE?

Beantworten Sie die Fragen und machen Sie ein Interview.

	ICH	Mein Partner/ meine Partnerin
Was machen Sie in Ihrer Freizeit?		
Wann und wie oft machen Sie das?		
Wo machen Sie das?		
Was brauchen Sie dafür?		
Mit wem machen Sie das zusammen?		

Kopiervorlage zu Kapitel 14, Aufgabe 8d

Eine gute Präsentation: Bewerten Sie Ihre Präsentation und die Präsentation Ihres Partners / Ihrer Partnerin.

Was sollte man bei der Präsentation beachten	Habe ich das gemacht?	Hat mein Partner / meine Partnerin das gemacht?
den Zuhörern ruhig und freundlich ins Gesicht sehen		
ruhige und angenehme Körpersprache		
klar und deutlich, nicht zu schnell, nicht zu leise und nicht zu laut sprechen		
am Anfang die Struktur des Vortrags erklären		
jede Folie mit einigen Sätzen kommentieren		
die gelernten Redemittel, Konnektoren und abwechslungsreichen Wortschatz verwenden		
die einzelnen Folien miteinander verbinden		
sich für die Aufmerksamkeit bedanken und sich erkundigen, ob es Fragen gibt		
die Fragen des Partners / der Partnerin mit einigen Sätzen beantworten		
nach der Präsentation des Partners / der Partnerin ein faires Feedback geben und eine logische Frage stellen		

Kopiervorlage zu Kapitel 15, Aufgabe 5e

Wegbeschreibung: Zeichnen Sie Ihre Gebäude ein. Beschreiben Sie anschließend den Weg. Benutzen Sie die Redemittel im Kursbuch.

A: Zeichnen Sie die **Post**, das **Stadtmuseum** und das **Kino** in den Stadtplan ein. Fragen Sie dann, wo sich die Touristeninformation, das Hotel Will und die Bank befinden.

B: Zeichnen Sie die **Touristeninformation**, das **Hotel Will** und die **Bank** in den Stadtplan ein. Fragen Sie dann, wo sich die Post, das Stadtmuseum und das Kino befinden.

Kopiervorlage zu Kapitel 15, Aufgabe 6c

Was passt zusammen?

aufwachsen	klarkommen mit	unter sich bleiben
innerhalb	verurteilen	der Nachwuchs
draußen	das internationale Flair	warmherzig

groß, erwachsen werden	zurechtkommen mit, ohne Probleme zusammenleben	sich isolieren, keinen Kontakt mit anderen haben
in; drinnen; Gegenteil von außerhalb	schlecht denken oder reden über etwas	Kinder
außerhalb von etwas; Gegenteil von: drinnen	viele unterschiedliche Menschen und Kulturen	freundlich

Verwenden Sie die Wörter und Wendungen auf den grauen Kärtchen in den folgenden Sätzen.

1. Meine Oma habe ich sehr lieb, weil sie so klug und .... ist.
2. Dieses Jahr feiern wir Silvester nicht mit den ganzen Nachbarn, wir möchten lieber mal wieder ....
3. Sylvie ist in Frankreich geboren, aber in Österreich ....
4. Man sollte nicht ...., was er getan hat. Er hatte eine schwere Kindheit.
5. Geht bitte nach ...., wenn ihr Fußball spielen wollt.
6. Oh wie süß, unsere Katze hat .... bekommen!
7. .... der Stadt gibt es viele Museen, Kinos und Theater
8. Meine Kollegen sind nicht sehr sympathisch, trotzdem muss ich .... ihnen ....
9. In New York leben Menschen aus aller Welt, das gibt der Stadt dieses ....

Lösung: 1. warmherzig; 2. unter uns bleiben; 3. aufgewachsen; 4. verurteilen; 5. draußen; 6. Nachwuchs; 7. Innerhalb; 8. mit … klarkommen; 9. internationale Flair

Kopiervorlage zu Kapitel 16, Aufgabe 4f

Rollenspiele: Erklären Sie Ihre Situation und bitten Sie um Hilfe.

Sie arbeiten am Wochenende als Kellner/in. Ein Freund hat Sie am Samstag ins Theater eingeladen und Sie brauchen eine Vertretung. Bitten Sie Ihre Kollegen um Hilfe.	Sie ziehen am Samstag um und brauchen Hilfe, weil Sie noch viele Dinge einpacken und in die neue Wohnung bringen müssen. Bitten Sie Ihre Freunde um Hilfe.
Sie brauchen am Wochenende Hilfe, weil Sie Ihre Wohnung komplett neu malen möchten. Bitten Sie Ihre Freunde um Hilfe.	Sie sind zu einem Vorstellungsgespräch eingeladen und möchten etwas Elegantes dafür kaufen. Sie möchten gerne, dass jemand mitkommt und Sie beim Einkaufen berät. Bitten Sie Ihre Freunde um Hilfe.
Der Lehrer / Die Lehrerin Ihrer Tochter hat Sie zum Elternabend am Donnerstag eingeladen, weil die Klassenreise organisiert werden muss, und das ist sehr wichtig. Sie haben Fieber. Fragen Sie Ihre Verwandten, ob jemand für Sie gehen könnte.	Sie sind Lehrer/in in einer Sprachschule. Nächste Woche brauchen Sie drei Tage eine Vertretung für Ihren Kurs, weil Sie zu einer Hochzeit eingeladen sind. Bitten Sie Ihre Kollegen um Hilfe.
Sie haben einen dringenden Termin bei der Bank am Montagvormittag und brauchen einen Babysitter für Ihren einjährigen Sohn. Bitten Sie Freunde und Verwandte um Hilfe.	Sie möchten eine Überraschungsparty für einen Freund / eine Freundin organisieren. Dazu brauchen Sie Hilfe. Fragen Sie Ihre Freunde, ob sie Ihnen nächste Woche bei der Vorbereitung helfen können.

Kopiervorlage zu Kapitel 16, Aufgabe 7d

Was sehen Sie auf den Fotos? Ergänzen Sie Partizip I und Partizip II. Ich sehe ...

1. ... ein .... (lachen) und .... (laufen) Mädchen mit Luftballons.

2. ... einen .... (schlafen) Hund vor einer .... (schließen) Tür.

3. ... einen .... (lächeln) Mann mit .... (kochen) Essen.

4. .... frisch .... (backen) Brot. Mmmh, wie lecker!!!

5. ... . (rennen) Kinder auf einer .... (blühen) Wiese.

6. ... ein neu (kaufen) .... Kleid. Schick, oder?

7. ... ein Klavier .... (üben) Kind. Es mag die .... (spielen) Stücke.

8. ... . (spielen) Kinder mit ihrem .... (lieben) Fußball.

... ein Eis .... (essen), ... (lachen), sich .... (lieben) Paar.

✂ ....

Lösung:
1. lachendes, laufendes; 2. schlafenden, geschlossener; 3. lächelnden, gekochtem; 4. gebackenes; 5. rennende, blühenden; 6. gekauftes; 7. übendes, gespielten; 8. spielende, geliebten; 9. essendes, lachendes, liebendes

Glossar

Ballrunde (PL): TN stellen sich im Kreis auf oder setzen sich so, dass sich alle gut sehen und den Ball zuwerfen und fangen können. KL wählt durch Zuruf TN aus, wirft TN einen kleinen Ball zu und stellt eine Frage. TN antwortet, wählt den nächsten TN aus, stellt eine Frage usw.
Ballrunden eignen sich dazu, Strukturen einzuüben und zu automatisieren. Wichtig ist es, die TN dabei nicht zu überfordern, die Fragen sollten einfach zu stellen sein und keine „Überlegenszeit" erfordern, damit die Übung dynamisch bleibt und die TN nicht unter Stress setzt.

Domino: Domino-Spiele eignen sich für Wortschatztraining und zur Verdeutlichung/Einübung grammatischer Phänomene, z. B. Artikeldomino, Wort-Bild-Domino etc. Domino-Spiele kann der/die KL für GA anfertigen oder TN können selbst ein Spiel anfertigen.
Variante A (GA, 3–5 TN): TN innerhalb der Gruppe spielen gegeneinander, jede/r TN bekommt drei Kärtchen, die restlichen Kärtchen kommen auf einen Stapel oder alle Kärtchen werden aufgeteilt. Ein Kärtchen wird aufgedeckt und A versucht, ein Kärtchen rechts oder links anzulegen. Wer nicht anlegen kann, zieht ein Kärtchen. Dann macht B weiter usw. Wer zuerst alle Kärtchen abgelegt hat, hat gewonnen.
Die Variante eignet sich für Dominos, bei denen es verschiedene Möglichkeiten gibt, anzulegen, z. B. Artikeldomino, Pluraldomino, Konjugationsdomino, …
Variante B (GA, 2–4 TN): TN spielen kooperativ und bringen die Steine gemeinsam in eine richtige Reihenfolge, die Gruppe, die zuerst fertig ist, gewinnt.
Diese Variante eignet sich für Dominos, bei denen es nur eine einzige richtige Möglichkeit gibt. Die letzte Karte schließt an die erste Karte an.

Expertenrunde: Jede/r TN liest einen Text und informiert sich damit über ein Thema. Er/Sie fasst die wichtigsten Informationen für die anderen TN zusammen. Diese können auch nachfragen, wenn sie etwas nicht verstanden haben oder weitere Informationen benötigen.

Globales Hören: Beim globalen Hören geht es darum, dass sich die TN einen ersten Eindruck des Textes verschaffen, d. h. sie brauchen keine Einzelheiten zu verstehen, sondern sollen allgemein herausfinden, um welche Themen es im Hörverständnis geht.

Globales Lesen: Beim globalen Lesen geht es darum, sich einen ersten Eindruck zu verschaffen. KL weist die TN darauf hin, dass sie den Text nur „überfliegen" sollen, um zu verstehen, welche allgemeinen Informationen vermittelt werden, ohne dabei auf Einzelheiten einzugehen.
Damit sich die TN nicht an einzelnen Informationen aufhalten, kann KL eine kurze Lesezeit vorgeben, die eingehalten werden muss.

Intensives Lesen: Im Gegensatz zum ▶ **globalen Lesen** bekommen die TN beim intensiven Lesen die Aufgabe, spezielle Informationen im Text zu finden, sie müssen den Text also genau lesen und sich auch auf die Details konzentrieren.

Kettenübung: Kettenübungen eignen sich z. B. zum Automatisieren von neuen Grammatikformen oder Redemitteln im PL oder in GA. KL beginnt z. B. mit einer Frage an A, A antwortet und fragt B, B antwortet und fragt C usw. immer der Reihe nach.
Um die Reihenfolge etwas aufzulockern, eignet sich z. B. eine ▶ **Ballrunde.**

Kooperatives Lesen: Kooperatives Lesen eignet sich für mehrere Texte zu einem Thema, z. B. Meinungen, Erfahrungsberichte oder einen längeren Text, der sich gut in mehrere Teile aufteilen lässt. TN bearbeiten in PA/GA (2–4 TN) einen Text oder Textteil. Sie erarbeiten gemeinsam den Inhalt und fassen ihn in der Gruppe zusammen, bis alle TN in der Lage sind, die wichtigsten Informationen des Textes frei wiederzugeben.
Im Anschluss werden neue Gruppen gebildet, in der aus jeder vorherigen Gruppe mindestens ein/e TN ist. Jede/r TN erzählt nun der neuen Gruppe den Inhalt seines/ihres Textes/Textteils – ohne dabei abzulesen, damit alle über alles informiert sind. Am Ende kann auch eine gemeinsame Aufgabe stehen (z. B. Quizfragen zum Text / zu den Texten), um zu „überprüfen", ob die Informationen komplett weitergegeben wurden.

Kugellager: TN stellen sich im Kugellager auf, d. h. die Hälfte der TN bildet einen Innenkreis, die andere Hälfte der TN steht im Außenkreis jeweils einem TN aus dem Innenkreis gegenüber. Die sich gegenüberstehenden TN führen einen Dialog, für den KL eine Zeit vorgibt, z. B. eine Minute. Anschließend gehen die TN aus dem Außenkreis im Uhrzeigersinn weiter zum nächsten TN und haben erneut eine Minute Zeit für einen Dialog.
Das Ganze kann so oft wiederholt werden, bis die Runde beendet ist.
Statt jeweils zum nächsten TN weiterzugehen, kann KL die Aktivität dynamischer und lustiger gestalten, indem er/sie nach Ablauf der Redezeit angibt, wie viele TN welcher Kreis sich nach rechts oder links bewegen soll, z. B. „Innenkreis geht drei TN nach rechts." etc.

Kursspaziergang: Die TN gehen durch den Kursraum und führen mit möglichst vielen wechselnden Partnern ein kurzes Gespräch oder lösen eine Aufgabe. Dazu können die TN z. B. eine Karte mit einer Frage, einer Aufgabe oder einem Lückensatz bekommen. Sie suchen einen Partner / eine Partnerin, lösen die beiden Aufgaben, tauschen ggf. die Karten (um die Aufgabe abwechslungsreicher zu gestalten) und gehen zum nächsten TN weiter.

Kursstatistik: Mithilfe einer Kursstatistik kann die Meinung der TN anschaulich dargestellt werden. Man kann dazu Strichlisten, Klebepunkte, Balken etc. benutzen.

Laufdiktat: Eine Teilnehmergruppe bekommt einen Text zugeordnet, der möglichst weit entfernt im Kursraum ausgelegt oder aufgehängt wird. Jede/r TN läuft zu seinem/ihrem Text, liest und merkt sich den ersten Satzteil oder Satz (je nach Vermögen), kommt zum Platz zurück und schreibt den Satz aus dem Gedächtnis auf, läuft wieder los und macht mit dem nächsten Wort/Satz weiter usw. Die TN vergleichen ihre Texte mit dem Original.
Variante (PA): A läuft los, liest und merkt sich einen Satz und diktiert ihn B (leise, damit die anderen nicht gestört werden). Dann läuft B los, merkt sich einen Satz und diktiert ihn A usw. bis der Text fertig ist.

Lebende Sätze: Diese Methode eignet sich vor allem, um den TN die deutsche Syntax näherzubringen. KL schreibt die Wörter und Satzzeichen eines Satzes auf jeweils eine Karte. TN erhalten eine der Karten und stellen sich in der Reihenfolge auf, wie die Wörter im Satz aufeinanderfolgen. Die anderen TN helfen bei Bedarf.
Variante GA: Jede Gruppe schreibt die Wörter eines Satzes groß auf Karten und stellt sich in der richtigen Reihenfolge auf. Die Gruppengröße orientiert sich an der Anzahl der Wörter des Satzes.
Variante Lebendige Wörter: Man kann die Aktivität auch mit einigen Wörtern, die sich gut ordnen lassen durchführen, z. B. mit Adverbien (*nie – selten – manchmal – oft/häufig – immer; heute – morgen – übermorgen – nächste Woche – nächstes Jahr – in fünf Jahren* etc).

Lernen mit Bewegung: Lernen mit Bewegung eignet sich zum Einsatz im Unterricht, da es nicht nur Spaß macht, sondern auch die Verknüpfung des Gelernten im Gehirn fördert. Durch Bewegung werden die motorischen Zentren im Gehirn aktiviert, die eine wichtige Rolle bei der Speicherung und Verarbeitung von Informationen spielen.
Der Einsatz von Gesten und rhythmischer Bewegung beim Lernen fördert Aufmerksamkeit und Konzentration. So bleiben neue Wörter und Inhalte besser im Gedächtnis haften. Dazu eignen sich u. a. folgende Formen: ▶ **Lebende Sätze** und ▶ **Laufdiktate**.

Lernstationen: Der Stoff wird auf mehrere Lernstationen aufgeteilt. Als Lernstationen dienen Tische, auf denen sich das benötigte Material, ein Zettel mit dem Arbeitsauftrag und ggf. die Lösung für die jeweilige Station befinden. Der Kurs wird in max. so viele Lerngruppen (3–5 TN) geteilt, wie es Stationen gibt.
Jede Gruppe beginnt an einer der Stationen, KL gibt ggf. eine Zeit vor. Dann wechseln die Gruppen an die nächste Station und machen dort weiter usw.
Lernstationen sind eine Form des autonomen Lernens, die sich vor allem gut dazu eignen, Gelerntes zu wiederholen. Der Vorteil besteht darin, dass die TN selbst entscheiden, was sie verstärkt wiederholen möchten und was nicht.

Memory: Memory eignet sich, um Wortschatz oder auch Grammatik zu trainieren. Die Memory-Karten bestehen aus zwei klar zusammengehörigen Paaren. Diese werden gemischt und verdeckt auf den Tisch gelegt. A dreht zwei Kärtchen um. Passen Wort und Bild zueinander, behält A die Kärtchen und spielt noch einmal. Passen sie nicht, ist B dran usw.
Memory-Karten eignen sich für viele Themen und können von den Lernenden selbst angefertigt werden.

Minipräsentation: TN sprechen 2–3 Minuten in EA, PA oder kleinen Gruppen frei über ein einfaches Thema (eine Stadt, ein Fest etc.).
Um die Präsentation interessanter zu gestalten, können die TN Fotos zeigen, ein Plakat vorbereiten usw.

Miniprojekt: Bei einem Miniprojekt bearbeiten die TN in GA eine handlungsorientierte Aufgabe (z. B. Informationsbeschaffung durch Internet oder Befragung von Muttersprachlern) und stellen anschließend ihre Ergebnisse im PL vor.

Pantomime: Bei der Pantomime stellen TN Begriffe (Hobbys, Sportarten etc.) pantomimisch, also mit Mimik und Gesten und ohne zu sprechen, dar. Die anderen TN raten den Begriff.
Die Aktivität eignet sich gut, um Vokabular zu wiederholen. Eine Variante ist das Zeichenspiel, bei dem die TN Vokabeln zeichnerisch darstellen, die anderen TN raten, um was es sich handelt.

Partnerkorrektur: Je zwei TN tauschen ihre Texte und korrigieren sie gegenseitig. TN arbeiten mit Bleistift und können die Fehler entweder korrigieren oder nur durch Unterstreichen oder eine entsprechende Anzahl an Strichen am Rand markieren und die Korrektur dem Verfasser überlassen. Bei Diktaten korrigieren TN mithilfe der Vorlage, bei freien Texten, E-Mails o. Ä. bespricht KL vorab mit TN, worauf sie bei der Korrektur achten sollen, wie z. B. bestimmte Inhalte, formale Richtigkeit oder neu eingeführte Strukturen.

Redemitteldiskussion: Wenn im KB Redemittel vorgegeben sind, kann eine Redemitteldiskussion durchgeführt werden. TN wählen einige Redemittel aus, die sie gerne lernen möchten, und schreiben sie auf jeweils einen Zettel. TN müssen diese Redemittel in der darauffolgenden Diskussion / dem darauffolgenden Gespräch verwenden und dürfen sie dann in die Mitte legen. Die Diskussion / Das Gespräch wird frühestens dann beendet, wenn alle Zettel abgelegt sind.
KL sollte die TN darauf hinweisen, dass es trotz der Redemittelzettel darum geht, möglichst natürlich zu diskutieren und nicht nur alle Redemittel möglichst schnell aneinanderzureihen.

Rollenspiel: TN schlüpfen mit oder ohne Vorgaben in die Rollen anderer Personen (Verkäufer, Kunde, Kellner, ...) und spielen eine Situationen oder lösen ein Problem.

Schnapp: TN spielen mit Karten, von denen jeweils zwei zusammenpassen können oder nicht (z. B. Satzanfänge und Satzenden). GA (3–5 TN): Karten liegen in zwei Stapeln verdeckt auf dem Tisch. Es werden immer zwei Karten gleichzeitig umgedreht. Meint ein/e TN, dass die Karten zusammenpassen, ruft er/sie „Schnapp“ und legt die Hand auf die Karten. Passen die Karten tatsächlich zusammen, darf TN die Karten behalten.

Schwarzer Peter (GA, 3–5 TN): Schwarzer Peter ist ein Kartenspiel, bei dem jeweils zwei Karten zusammenpassen, dazu gibt es eine Extra-Karte, den „schwarzen Peter“. Die Karten werden unter den TN verteilt. Haben die TN schon Karten, die zusammenpassen, dürfen diese Karten abgelegt werden. Danach ziehen die TN im Uhrzeigersinn Karten vom nächsten TN. Entstehen so neue Paare, dürfen auch diese abgelegt werden. Durch das Ziehen werden immer mehr Kartenpaare abgelegt. Am Ende bleibt nur noch der „schwarze Peter“ übrig, zu dem es keine passende Karte gibt. Der/Die TN, der/die diese Karte am Ende in der Hand hält, hat verloren und bekommt einen schwarzen Punkt auf die Nase (die Hand oder auf ein Blatt Papier) gemalt.

Stiller Dialog: Beim stillen/stummen Dialog geht es darum, ohne zu sprechen, Meinungen mitzuteilen und auf Kommentare der anderen TN zu reagieren. Meist liegen auf mehreren Tischen DIN-A-3-Blätter mit verschiedenen Thesen/Blogeinträgen o. Ä. TN gehen durch den Raum und schreiben, ohne zu sprechen, ihren Kommentar dazu. Wurden Thesen schon von anderen TN kommentiert, können die TN auch auf diese Kommentare eingehen. Für diese Aktivität ist eine Zeit von ca. 15 Minuten zu empfehlen, in der nicht gesprochen werden soll. Danach werden die Blätter vorgestellt, evtl. kommentiert und im Kursraum aufgehängt.

Wirbelgruppen: Wirbelgruppen eignen sich, um ein komplexeres Thema arbeitsteilig zu erarbeiten. TN lösen in GA (z. B. Gruppe A, B und C) unterschiedliche Aufgaben. Um das Ergebnis den anderen Gruppen mitzuteilen, werden anschließend neue (Wirbel-)Gruppen gebildet, in denen sich aus jeder Gruppe mindestens ein TN befindet, die neue Gruppe ist also aus A, B und C zusammengesetzt.

Wortigel: KL schreibt ein Wort/Thema in die Mitte der Tafel und sammelt auf Zuruf außen herum passende Wörter, ggf. nach Unterthemen sortiert.
Diese Methode eignet sich gut, um beim Einstieg in ein neues Thema Vorwissen zu aktivieren und so bereits bekannten Wortschatz zu visualisieren.

Zick-Zack-Dialog: TN stellen sich in zwei Reihen versetzt einander gegenüber und spielen Dialoge, indem jede/r TN jeweils einen Satz formuliert, und zwar in einer Reihenfolge, sodass sich eine Art unsichtbare Zick-Zack-Linie zwischen den TN bildet. Alle TN auf der einen Seite stellen also gemeinsam „Sprecher A“ dar, die TN auf der gegenüberliegenden Seite „Sprecher B“. Der Zick-Zack-Dialog eignet sich zum Einüben von Gesprächssituationen, besonders wenn das Verständnis gesichert werden soll. Auch weniger aktive Schüler werden zum Sprechen angeregt.

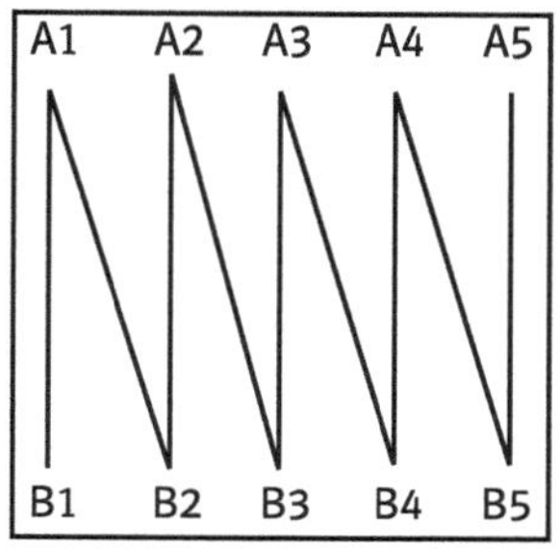

Lernziele des Rahmencurriculums für Integrationskurse „Deutsch als Zweitsprache“

Diese Übersicht zeigt die Verteilung der Kann-Beschreibungen des „Rahmencurriculums für Integrationskurse Deutsch als Zweitsprache“ auf die Kapitel.

Kapitel 1

Kann, auch telefonisch, einfache Mitteilungen des Hausmeisters verstehen.
Kann die wichtigsten Informationen der Hausordnung verstehen.
Kann mit einfachen Worten Nachbarn um einen Gefallen bitten.
Kann, auch telefonisch, dem Vermieter oder Hausmeister mit einfachen Worten ein konkretes Problem schildern.
Kann Bitten von Nachbarn verstehen.
Kann mit einfachen Worten Gefühle über das Leben ausdrücken.
Kann mit einfachen Worten zum Beispiel in einer Teamarbeit oder beim Gespräch mit Nachbarn oder Kollegen äußern, dass er/sie anderer Meinung ist.
Kann mit einfachen Worten adäquat ausdrücken, dass er/sie mit dem Verhalten von Mitbewohnern nicht einverstanden ist.
Kann sich mit ganz einfachen Worten für Verletzung der Hausordnung in einem Mietshaus entschuldigen.

Kapitel 2

Kann Kunden schriftlich Auskunft geben (hier: Reaktion auf eine Mahnung).
Kann eine Beschwerde oder Reklamation von Kunden verstehen und angemessen darauf reagieren.
Kann sich mit einfachen Worten gegen unfreundliche Behandlung, hier gegen Drängeln anderer Kunden, wehren.
Kann sich mit einfachen Worten über eine falsche Lieferung beschweren.
Kann sich mit Bekannten oder Nachbarn über Vor- und Nachteile bestimmter Einkaufsmöglichkeiten und Zahlungsmodalitäten austauschen.

Kapitel 3

Kann, auch telefonisch, Kunden einfach und angemessen beraten.
Kann sich allgemein, auch bei Bekannten, über Banken und Versicherungen informieren.
Kann kurzem und klarem schriftlichem Informationsmaterial, auch im Internet, für ihn/sie wichtige Informationen entnehmen.
Kann einfachem Werbematerial von Versicherungen Informationen entnehmen.
Kann sich bei Bekannten über Versicherungsdetails informieren.
Kann Prospekten zur gesuchten Versicherung, z. B. Haftpflichtversicherung, die wesentlichen Informationen entnehmen.
Kann der Versicherung in einem einfachen Schreiben Schadensfälle mitteilen.
Kann im Gespräch mit Versicherungsmitarbeitern wichtige Informationen verstehen.

Kapitel 4

Kann Gesprächspartnern einfache, die Gesundheit betreffende Ratschläge geben, z. B. bzgl. Ernährung.
Kann das Leben in seinem/ihrem Herkunftsland in einfacher Form beschreiben, z. B. Essgewohnheiten, und einzelne konkrete Aspekte mit der Situation in Deutschland vergleichen.
Kann beschreiben, wie man sich in bestimmten Situationen, z. B. bzgl. des Verhaltens bei Einladungen, der Essgewohnheiten, in seiner/ihrer Herkunftskultur verhält.
Kann sich mit einfachen Worten über das Leben in zwei (ggf. mehr) Kulturen äußern, z. B. hinsichtlich der Essgewohnheiten.
Kann sich über interkulturelle Erfahrungen austauschen und erklären, warum er/sie bestimmte Verhaltensweisen als fremd empfunden hat, z. B. hier zu Essen in Deutschland.
Kann einfache Informationen über sich, seine/ihre Familie und sein/ihr Umfeld austauschen.

Kapitel 5

Kann in einfacher schriftlicher Form, z. B. in einem Sprachprofil, die eigenen Kompetenzen beschreiben.
Kann seinen/ihren Sprachlernstand einschätzen und darüber sprechen.
Kann Hilfestellungen oder Hinweise und Tipps zum individuellen Weiterlernen erfragen.
Kann darüber sprechen, welche Sprachen er/sie wie gut spricht und wo/wie er/sie sie gelernt hat.
Kann sich über interkulturelle Erfahrungen austauschen und erklären, warum er/sie bestimmte Verhaltensweisen als fremd empfunden hat.
Kann seine/ihre Sichtweise einer Situation schildern und erklären, dass es sich um ein kulturell bedingtes Missverständnis handelt.

Kapitel 6

Kann einfache und standardisierte Wegweiser verstehen.
Kann, auch im Internet, Informationsbroschüren Informationen über einen ihn/sie interessierenden (Gesundheits-)Beruf entnehmen.
Kann im Gespräch mit Ärzten oder Apothekern relevante Informationen verstehen.
Kann in Formularen seine/ihre persönlichen Daten eintragen.
Kann telefonisch einen Notruf tätigen und die wichtigsten Informationen nennen.
Kann im Gespräch mit Ärzten einfache Informationen zur Person, zum Gesundheitszustand und ggf. zur bisherigen Therapie im Herkunftsland geben.
Kann in Gesprächen mit Ärzten einfache Verhaltenshinweise verstehen.

Kann Formulare ausfüllen und dort bisherige Erkrankungen, Allergien etc. eintragen.
Kann bei einem Notruf konkrete Anweisungen der Rettungsleitstelle verstehen.
Kann sich mit einfachen Mitteln über das Thema Gesundheit austauschen und Vergleiche ziehen.
Kann Gesprächspartner um Erklärung von ihm/ihr unbekannten Themen bitten oder nachfragen, ob sie damit Erfahrungen gemacht haben.

Kapitel 7

Kann bei einem Dissens, z. B. einer Diskussion über das Energiesparen, seinem/ihrem Gegenüber mit einfachen Worten adäquat widersprechen.
Kann bei Konflikten (Diskussion über das Energiesparen) mit einfachen Worten zustimmend oder ablehnend auf Lösungsvorschläge reagieren.

Kapitel 8

Kann einfach und kurz von seinen/ihren Erfahrungen berichten.
Kann bei einem Gespräch (Planung des Besuchs einer kulturellen Veranstaltung) mit einfachen Worten ausdrücken, dass ihn/sie eine Frage interessiert bzw. nicht interessiert.
Kann mit einfachen Worten seine/ihre Enttäuschung ausdrücken.
Kann seine/ihre Freude und Begeisterung z. B. über den Besuch eines Musicals ausdrücken.
Kann über ihm/ihr bekannte Themen Auskunft geben und Gesprächspartnern Fragen zu diesen Themen stellen.

Kapitel 9

Kann in einem Beratungsgespräch mit einfachen Worten individuelle beruflichen Vorstellungen, Wünsche und Ziele äußern.
Kann wichtige Auskünfte in einem einfachen Bewerbungsschreiben geben.
Kann, auch im Internet, wichtige Informationen und Tipps zum Thema Arbeitssuche verstehen.
Kann mithilfe einer Vorlage ein einfaches Bewerbungsschreiben verfassen und darin wichtige Auskünfte über sich geben.
Kann im Bewerbungsgespräch über seine/ihre beruflichen Erfahrungen und Qualifikationen berichten.
Kann Auskunft über seine/ihre beruflichen Erfahrungen geben und seine/ihre Wünsche und Ziele bzgl. einer Aus- oder Weiterbildung ausdrücken.

Kapitel 10

Kann die Beschreibung von Sachverhalten verstehen, z. B. hier Information über einen Staffellauf.
Kann Anzeigen über Sportveranstaltungen relevante Informationen entnehmen.
Kann kurzen Berichten in Zeitungen oder im Internet, die stark auf Namen, Zahlen, Überschriften und Bildern aufbauen, wichtige Informationen entnehmen.
Kann z. B. Kollegen oder Freunde fragen, ob sie Zeit haben, gemeinsam etwas zu unternehmen.
Kann (auch telefonisch) z. B. Kollegen, Freunde oder befreundete Eltern fragen, ob sie zu einer gemeinsamen Aktivität mitkommen, und einen Termin mit ihnen ausmachen.
Kann mit einfachen Worten erklären, warum er/sie eine bestimmte Freizeitaktivität nicht mitmachen möchte.
Kann in einem Brief oder einer E-Mail Neuigkeiten mitteilen, nach Neuigkeiten fragen und von Ereignissen berichten und danach fragen.

Kapitel 11

Kann einfache Mitteilungen an die Kindergärtnerin schreiben.
Kann die Beschreibung von Sachverhalten wie Informationen über Kindergarten/Kita verstehen.
Kann die wesentlichsten Informationen von Nachrichtensendungen über ihm/ihr vertraute Themen im Fernsehen, Radio oder Internet verstehen.
Kann einfach und kurz von seinen/ihren Erfahrungen berichten, z. B. Erfahrungen mit Kinderbetreuung.
Kann auf einfache Art seine/ihre Meinung über erlebte oder beobachtete Aspekte des Lebens in Deutschland mitteilen, z. B zum Thema Frauen- und Männerrollen.
Kann sich über interkulturelle Erfahrungen austauschen und erklären, warum er/sie bestimmte Verhaltensweisen als fremd empfunden hat, z. B. zum Thema Frauen- und Männerrollen.

Kapitel 12

Kann gegenüber Mitarbeitern seine/ihre Wünsche einfach und klar formulieren, z. B. zum Thema berufliche Anerkennung.
Kann die wichtigsten Informationen von Stellenanzeigen in Zeitungen, im Internet oder am Schwarzen Brett eines Supermarkts verstehen.
Kann sehr einfach und klar, auch telefonisch, mitteilen, dass er/sie einen bestimmten Beruf oder Job ausüben kann und möchte.
Kann bei Bekannten oder Beratungsstellen mit einfachen Worten für ihn/sie wichtige Informationen bzgl. Arbeitssuche erfragen, z. B. zur beruflichen Anerkennung.
Kann in Beratungsgesprächen auf einfache Fragen Auskunft geben.
Kann in einem Beratungsgespräch mit einfachen Worten individuelle beruflichen Vorstellungen, Wünsche und Ziele äußern.
Kann mithilfe einer Vorlage einen tabellarischen Lebenslauf schreiben.
Kann, auch im Internet, Informationsbroschüren Informationen über einen ihn/sie interessierenden Beruf oder Job entnehmen.
Kann im Bewerbungsgespräch über seine/ihre beruflichen Erfahrungen und Qualifikationen berichten.
Kann Auskunft über seine/ihre beruflichen Erfahrungen geben und seine/ihre Wünsche und Ziele bzgl. einer Aus- oder Weiterbildung ausdrücken.

Kapitel 13

Kann Mitarbeitern und Kollegen einfache Aufträge erteilen.
Kann ein einfaches Antwortschreiben auf eine Bewerbung verstehen, hier im Zusammenhang mit ehrenamtlicher Tätigkeit.
Kann in Zeitungen und Zeitschriften, auch online, thematische Schwerpunkte und Rubriken verstehen und das Gewünschte auswählen.
Kann sich mit einfachen Worten über seine/ihre interkulturellen Erfahrungen, z. B. über das Zusammentreffen mit anderen Kulturen im Heimatland bzw. mit der Zielkultur, austauschen, hier im Zusammenhang mit Ehrenamt.
Kann z. B. in einem Gespräch mit Nachbarn oder anderen Eltern mit einfachen Worten seine Zustimmung oder Ablehnung ausdrücken sowie beispielsweise eine einfache Frage verneinen.

Kapitel 14

Kann sich telefonisch, auch über die automatische Vermittlung, verbinden lassen.
Kann wesentliche Informationen über das Kind bzgl. Teilnahme am Musikunterricht mitteilen.
Kann mit einfachen Worten seine/ihre Interessen und Wünsche einbringen, z. B. bzgl. der Stornierung des Kurses und Vereinbarung eines Alternativtermins.
Kann sich einfache Notizen machen.
Kann einfache schriftliche Mitteilungen der Lehrkräfte verstehen, z. B. bzgl. einer Kursabsage und Vereinbarung eines Alternativtermins.
Kann die wesentlichen Handlungszüge eines Textes, der weitgehend auf dem Grundwortschatz und einer einfachen, konkreten Handlung basiert, verstehen, z. B. einen Zeitungsartikel.

Kapitel 15

Kann in Veranstaltungshinweisen relevante Informationen entnehmen.
Kann in listenartigen Texten, wie touristische Informationen, spezifische Informationen auffinden und entnehmen.
Kann Mitreisende oder Passanten nach dem Weg fragen und das Wesentliche einer Wegbeschreibung verstehen.
Kann (auch telefonisch) z. B. Kollegen, Freunde oder befreundete Eltern fragen, ob sie zu einer Feier oder gemeinsamen Aktivität mitkommen, und einen Termin mit ihnen ausmachen.

Kapitel 16

Kann einfache und konkrete Aufforderungen der Sachbearbeitung verstehen, z. B. hinsichtlich des Vorgehens bei der Einbürgerung.
Kann Mitarbeiter um Auskunft und Beratung bitten.
Kann Kollegen, auch in elektronischer Form, eine kurze Notiz mit einer wichtigen Information hinterlassen.
Kann kurzen Berichten, wie z. B. über eine Einbürgerungsfeier, in Zeitungen oder im Internet, die stark auf Namen, Zahlen, Überschriften und Bildern aufbauen, wichtige Informationen entnehmen.
Kann mit einfachen Worten Nachbarn um Hilfe bitten, z. B. hinsichtlich einer Bitte um eine Vertretung.
Kann sich mit anderen darüber austauschen, welche Schritte man unternehmen kann, um den Sprachkontakt mit Deutschen bzw. mit der deutschen Sprache zu verbessern.

Quellen

S. 95 Shutterstock (Naddya)
S. 103 Hermann Dörre, München
S. 111 Shutterstock (Tribalium)
S. 114 1. Shutterstock (Maya Kruchankova); 2. Shutterstock (pryzmat); 3. Shutterstock (wavebreakmedia); 4. Shutterstock (sheff); 5. Shutterstock (Sergey Novikov); 6. Shutterstock (studioloco); 7. Shutterstock (Lorena Fernandez); 8. Shutterstock (Fotokostic); 9. Shutterstock (Joshua Resnick)